*Einst machte die Theorie sich von der Demokratie einen großen Begriff.* Seit den sechziger Jahren wurde sie insbesondere in ihrer liberalen Ausprägung zusehends mit gewaltigen Ansprüchen unterfüttert. John Rawls sah nur in ihr die Grundlage zur »fairen Kooperation« der Gesellschaft als Ganzer. Jürgen Habermas erkannte ihren Kern in der rationalen Deliberation der Öffentlichkeit. Davon sind selbst bei Habermas angesichts des von ihm diagnostizierten »neuen Strukturwandels der Öffentlichkeit« nur noch Restbestände geblieben. Vielfach, stellt Uwe Volkmann fest, zieht die Theorie sich inzwischen auf die Minimalposition zurück, Demokratie beschreibe eine politische Form, die die Abwahl der Herrschenden möglich macht. Aber kann es das wirklich sein? Eher nicht, findet jedenfalls Volkmann, und analysiert in seinem Text »drei grundlegende Defizite« eines solchen »demokratischen Minimalismus«.

Nicht weniger als eine »Philosophie des Flüchtlings« verspricht Ernest Mujkič. Und tatsächlich ist sein Essay randvoll mit philosophischen Argumenten, Verweisen, Zitaten. Man erhält einen wirklich erschöpfenden Überblick über das zeitgenössische Denken zur Migration. Zugleich ist und leistet der Text aber noch etwas ganz Anderes: Mujkič selbst kam in den neunziger Jahren als Flüchtling nach Deutschland. Die Erlebnisse der Flucht, die Erfahrungen als Flüchtling schildert er in eher literarischen Passagen, die zwischen den philosophisch-analytischen stehen. Der gänzliche Verzicht auf die Vermittlung zwischen beidem ist dabei kein Problem, sondern genau die Pointe.

CD/EK

*Uwe Volkmann*, geb. 1960, Professor für Öffentliches Recht und Rechtsphilosophie an der Goethe-Universität Frankfurt am Main. 2022 erschien *Freiheit oder Leben? Das Abwägungsproblem der Zukunft* (Hrsg. zus. m. Klaus Günther), 2024 *Demokratie und Vernunft*.
volkmann@jur.uni-frankfurt.de

*Ernest Mujkič*, geb. 1978, Gymnasiallehrer, Doktorand am Geschwister-Scholl-Institut für Politikwissenschaft der Ludwig-Maximilians-Universität München.

*Timon Beyes*, geb. 1973, Professor am Institut für Soziologie und Kulturorganisation der Leuphana Universität Lüneburg. 2024 erschien *Organizing Color. Toward a Chromatics of the Social*.
timon.beyes@leuphana.de

*Albrecht Koschorke*, geb. 1958, Professor für Neuere Deutsche Literatur und Allgemeine Literaturwissenschaft an der Universität Konstanz. 2016 erschien *Adolf Hitlers »Mein Kampf«. Zur Poetik des Nationalsozialismus*.
albrecht.koschorke@uni-konstanz.de

*Bernhard J. Dotzler*, geb. 1963, Professor für Medienwissenschaft an der Universität Regensburg. 1991 erschien *Der Hochstapler. Thomas Mann und die Simulakren der Literatur*; 2020 *Zurück zu Foucault*.
bernhard.dotzler@ur.de

*Felix Ackermann*, geb. 1978, Professor für Public History an der FernUniversität in Hagen. 2017 erschien *Mein litauischer Führerschein. Ausflüge zum Ende der Europäischen Union*.

*Jann Maatz*, geb. 1998, Rechtsreferendar.
jann.maatz@web.de

*Eckhard Nordhofen*, geb. 1945, Professor emeritus, war Honorarprofessor für theologische Ästhetik und Bildtheologie an der Universität Gießen. 2022 erschien *Media divina. Die Medienrevolution des Monotheismus und die Wiederkehr der Bilder*.
eckhard.nordhofen@gmx.de

*Robin Detje*, geb. 1964, lebt als Autor und Literaturübersetzer in Berlin.
Bluesky: @robindetje

*Dominik Graf*, geb. 1952, Regisseur. 2021 erschien *Kino unter Druck. Filmkultur hinter dem Eisernen Vorhang* (zus. m. Lisa Gotto). – Bei dem Beitrag handelt es sich um den Vorabdruck eines leicht gekürzten Kapitels aus dem Buch *Sein oder Spielen. Über Filmschauspielerei*, das in diesem Monat bei C.H. Beck in München erscheinen wird.

*Anke Stelling*, geb. 1971, freie Schriftstellerin. 2018 erschien der Roman *Schäfchen im Trockenen*, 2020 die Erzählungen *Grundlagenforschung*.
www.ankestelling.de

*Uwe Volkmann*
# Demokratischer Minimalismus

*Zur Kapitulation der Demokratietheorie vor der gegenwärtigen Lage*

## I.

Im Herbst des Jahres 1932, die Weimarer Republik taumelte längst ihrem Ende entgegen, erschien in den *Blättern der Staatspartei* ein neunseitiger Artikel Hans Kelsens, der mit »Verteidigung der Demokratie« überschrieben war.[1] Die *Blätter* waren ein Supplement zum *Politischen Wegweiser*, dem offiziellen Organ der Deutschen Staatspartei, die ihrerseits 1930 aus der Deutschen Demokratischen Partei hervorgegangen war; zwei Jahre später, als der Artikel erschien, war sie in der Bedeutungslosigkeit versunken. Wie viele Leser der Text seinerzeit noch gefunden hatte, lässt sich nicht mehr rekonstruieren, gerichtet war er ausdrücklich an »die wenigen, die ihre Köpfe freigehalten haben von der Vernebelung der politischen Ideologien«. Düstere Prophetie und bewegendes Bekenntnis zugleich, war er geschrieben mit Herzblut und einem Pathos, das man dem kühlen Analytiker Kelsen nicht zutrauen mochte; hier warf sich jemand mit seiner ganzen wissenschaftlichen Redlichkeit noch einmal für die Demokratie in die Bresche, als der Kampf für sie schon verloren war.

Aber welche wären die Argumente, die er zu ihrer Verteidigung aufrief? Sie ergaben sich zum großen Teil aus der entschiedenen Ablehnung der beiden damals zur Diskussion stehenden Alternativen, der Diktatur des Proletariats auf der linken und der Diktatur des »gottbegnadeten Führers« auf der rechten Seite des politischen Spektrums: Die eine führe mit ihrer Ideologie des permanenten Klassenkampfs geradewegs zur »blutig-revolutionären Katastrophe«, die andere vertraue auf »das soziale Wunder«, dass jener Führer das absolut Gute erkennen und durchsetzen könne. Dem Sinn, genauer: dem »Grundsatz der Demokratie« werden demgegenüber nur ein paar wenige Sätze gewidmet, die am Ende in ein Eingeständnis ihrer Schwäche münden: »Sie ist«, schreibt Kelsen, »diejenige Staatsform, die sich am wenigsten gegen ihre Gegner wehrt« und deshalb in ihrer letzten Konsequenz auch eine auf ihre eigene Vernichtung gerichtete Bewegung dulden muss.

---

[1] Jetzt in: Matthias Jestaedt/Oliver Lepsius (Hrsg.), *Verteidigung der Demokratie.* Tübingen: Mohr Siebeck 2006.

Was sie sonst ausmacht, hatte Kelsen selbst schon einige Jahre zuvor in seinem demokratietheoretischen Hauptwerk *Vom Wesen und Wert der Demokratie* dargelegt, 1929 in zweiter und deutlich erweiterter Auflage herausgebracht. Die auch hier wieder gefühlige Sprache, oft hart an der Grenze zur Predigt, täuscht darüber hinweg, dass es dem Inhalt nach ein Programm der neuen Sachlichkeit war, ganz darauf bedacht, die »Realität« der Demokratie vor ihrer »Ideologie« in Schutz zu nehmen, der Ideologie einer überzogenen Freiheit. All ihre Institutionen und Mechanismen haben dementsprechend in Kelsens Lesart nur den Sinn, dieser Freiheit die Spitze zu nehmen, sie auf eine technische Weise herunterzubrechen. Das Mehrheitsprinzip sorgt in diesem Sinne dafür, dass bei seiner Anwendung rein mengenmäßig immerhin mehr Menschen frei bleiben können, das heißt nicht gegen ihren Willen regiert werden, als im umgekehrten Fall. Der Parlamentarismus: ein »notwendiger Kompromiss zwischen der primitivierenden Idee der politischen Freiheit und dem Prinzip differenzierter Arbeitsteilung« und in diesem Sinne ein »spezifisches, sozialtechnisches Mittel zur Erzeugung der sozialen Ordnung«. Demokratische Repräsentation: eine »offenkundige Fiktion«, die »die große Masse des Volkes« bloß glauben mache, dass »es sich im gewählten Parlament selbst bestimme«. Demokratie insgesamt: nur »eine Form, nur eine Methode [...], die soziale Ordnung zu erzeugen«, und gerade darin »Ausdruck eines politischen Relativismus« ohne eigenen Wertgehalt. Am Ende sprach dann für sie wenig mehr als der »soziale Friede«, den sie immerhin ermöglichen sollte, die Hoffnung auf friedlichen Austrag der Gegensätze und die Möglichkeit des Zusammenfindens im Kompromiss. Alles andere aber bekräftigte eher den Verdacht, den die Gegner der Demokratie schon immer gegen sie hatten.

## II.

Als Kelsen seine Überlegungen zu Papier brachte, hatte er für diese normative Bescheidenheit seine Gründe. Das demokratische Experiment der Weimarer Republik, das erste auf deutschem Boden, hatte viele Hoffnungen enttäuscht; immer mehr Bürger wandten sich offen von der Demokratie ab und suchten ihr Heil im politischen Radikalismus; gerade für den parlamentarischen Betrieb hatten sie nur noch Hohn und Verachtung übrig. Was hätten große Worte und die Beschwörung irgendwelcher Ideale hier bewirken sollen? Auch heute sehen viele die Demokratie wieder am Abgrund stehen: Die Zahl der Staaten, die sich mit einigem Recht noch so nennen können, nimmt nach allen verfügbaren Indices weltweit ab; es gibt verschiedene Internetseiten, die über ihr Verschwinden regelrecht Buch führen; allein der gegenwärtige Blick auf Amerika mag das Fürchten lehren.[2] Die Krise hat längst ihr eigenes Literaturgenre hervorgebracht, mit neuen Hervorbringungen nahezu im Wochenrhythmus und nicht nur gelegentlichen Anleihen bei der Sprache der Pathologie; der globale Bestseller heißt *Wie Demokratien sterben*.[3]

In dieser Lage sucht auch die Theorie der Demokratie ihr Heil erneut in der Anspruchslosigkeit, im Abschied von den hoffnungsvollen Erwartungen, die sich auf sie als politische Form einmal richten mochten. Stellvertretend dafür steht eine in letzter Zeit vielzitierte Definition von Adam Przeworski, die von diesem selbst ausdrücklich als »minimalistisch« ausgewiesen wird: Demokratie, schreibt er, ist schlicht ein System, in dem Regierungen Wahlen verlieren können; füge man noch mehr Merkmale hinzu, werde man nur umso mehr Krisen entdecken.[4] Von der alten Idee, dass sich eine politische Gemeinschaft in diesem System selbst bestimmt, ist demgegenüber nur am Rande die Rede, ähnlich wie bei Kelsen funktioniert Demokratie vielmehr schon dann, wenn »sämtliche gesellschaftlichen Konflikte im institutionellen Rahmen«, insgesamt also zivilisiert und friedlich ausgetragen werden. Die Definition selbst ist wesentlich an Joseph Schumpeter angelehnt, der Demokratie in Analogie zum ökonomischen Tausch erklärt hatte: Politische Unternehmer, die Parteien, unterbreiten ihren Konsumenten, den Wählern, ein Angebot und werden dafür von diesen mit Stimmen belohnt, die sie in den Besitz der staatlichen Ämter bringen. In diesem Sinne handeln sie mit Stimmen wie andere mit Öl und verführen die so ahnungs- wie verantwortungslosen Bürger mit ihrer Werbung.[5]

Das ist der demokratische Minimalismus in seiner radikalsten Form, gespeist aus tiefem Misstrauen gegen die menschliche Fähigkeit zur Demokratie überhaupt. Aber auch soweit sie diese Grundannahmen nicht teilt, arbeitet die aktuelle Krisenliteratur fast durchgängig mit einem sparsamen Modell, das noch die rechtsstaatlichen Gewährleistungen der Verfassung hinzunimmt und dann wahlweise als konstitutionelle oder liberale Demokratie bezeichnet

2  Vgl. vor allem den Freedom-House-Index (freedomhouse.org/countries/freedom-world/scores), ferner https://www.demoptimism.org/democratic-decay-as-the-organising-concept.

3  Steven Levitsky / Daniel Ziblatt, *Wie Demokratien sterben*. Aus dem Englischen von Klaus-Dieter Schmidt. München: DVA 2018.

4  Adam Przeworski, *Krisen der Demokratie*. Aus dem Englischen von Stephan Gebauer. Berlin: Suhrkamp 2020.

5  Joseph Schumpeter, *Kapitalismus, Sozialismus und Demokratie*. Tübingen: A. Francke 2018.

wird, als entscheidend für das Vorhandensein von Demokratie aber immer auf die reale Möglichkeit des Machtwechsels abstellt.[6] Man muss eben mit dem zufrieden sein, was man – noch – hat.

### III.

Wie jedes Individuum ist auch alle Philosophie ein Kind ihrer Zeit, hatte Hegel geschrieben. Für die Demokratietheorie gilt das in noch einmal besonderer Weise. Während die großen Skeptiker, von Platon über Hegel selbst bis hin zu Max Weber oder Schumpeter, ihre Sicht meist entwickelt hatten, als man entweder ein abschreckendes Bild von Demokratie vor Augen hatte oder ihre Zukunft ganz ungewiss erschien, werden Bücher, in denen sie geradezu idealisiert wird, fast ausschließlich zu besseren Zeiten, mindestens jedenfalls der berechtigten Hoffnung darauf, geschrieben. In den bleiernen 1950er und 1960er Jahren sucht man sie deshalb vergebens. Erst mit der großen Aufbruchstimmung danach, hierzulande unter dem Leitspruch »Mehr Demokratie wagen«, wird auch die politische Theorie von Optimismus erfasst, macht die Linke allmählich ihren Frieden mit dem liberalen Staat und will gerade durch ihn die Demokratisierung von Wirtschaft und Gesellschaft befördern. Von hier an geht es zunächst immer weiter bergauf, die Erwartung eines goldenen Zeitalters des Liberalismus, die sich mit dem Fall des Eisernen Vorhangs zu erfüllen schien, treibt auch die Theorie zu neuen Höhenflügen: John Rawls entwirft in seiner Gerechtigkeitstheorie die Gesellschaft als ein System fairer Kooperation; aus der Kommunitarismusdebatte, die sich daran entzündet, entspringt ein neuer Republikanismus im Geist Hannah Arendts; Zivilgesellschaft und politische Öffentlichkeit werden als maßgebliche Akteure des politischen Prozesses entdeckt; Jürgen Habermas und andere rufen die deliberative Demokratie aus, die der sympathischen Idee eines Gesprächs unter Bürgern verpflichtet ist.

Nun, da das Pendel weltweit wieder in die andere Richtung zurückschwingt, hat gerade Habermas sich von den hochfliegenden Hoffnungen ein Stück weit verabschiedet. Sein Werk ist in diesem Zusammenhang überhaupt ein interessanter Fall, weil sich in ihm die Konjunkturen und Moden der Theorie, darin zugleich auch ihre Zeitabhängigkeit, wie in einem Brennglas spiegeln. Sie kommen sogar in einem einzigen Buch zusammen, in *Strukturwandel der Öffentlichkeit*, das seinen Ruhm wesentlich begründet hat. Als

---

6  Vgl. beispielsweise Tom Ginsburg / Aziz Z. Huq, *How to Save a Constitutional Democracy*. Chicago University Press 2018.

es 1962 erstmals erschien, lief es im Kern auf die Diagnose eines Verfalls hinaus: Mit der endgültigen Durchsetzung der kapitalistischen Ökonomie und dem Übergang zum Wohlfahrtsstaat, so die zentrale These, gehe es auch mit der bürgerlichen Öffentlichkeit zu Ende; einst Grundlage der öffentlichen Meinungsbildung und notwendiger Unterbau einer parlamentarischen Demokratie, sei sie nun ihrerseits das Produkt der asymmetrischen Machtstrukturen der Gesellschaft, manipuliert zudem durch die zunehmend elektronisch produzierten Massenmedien.

In der Neuauflage von 1990 blieb zwar der Text unverändert, vorangestellt war ihm aber ein längeres Vorwort, das ihn in der Sache widerrief. Verbindender Leitgedanke war nun gerade die deliberative Demokratie, wie sie dann zwei Jahre später in *Faktizität und Geltung*, dem nächsten großen Werk, weiter ausbuchstabiert werden sollte. Dafür musste die »politische Öffentlichkeit« erneut in Stellung gebracht werden; als »Inbegriff derjenigen Kommunikationsbedingungen, unter denen eine diskursive Meinungs- und Willensbildung eines Publikums von Staatsbürgern zustande kommen kann«, bildete sie geradezu das Herzstück des Programms.[7] Im neuen *Strukturwandel* von 2022, insgesamt also dem dritten, wird nun auch dies wieder zurückgenommen: Mit dem Aufkommen der neuen Medien, nicht weniger als »eine mit der Einführung des Buchdrucks vergleichbare Zäsur in der menschheitsgeschichtlichen Entwicklung der Medien« insgesamt, beginne nun gerade jene Öffentlichkeit wieder zu verfallen; an ihre Stelle träten zunehmend die »Kommunikationsinseln im epistemischen Rang konkurrierender Öffentlichkeiten«, die ihrerseits in den Abwärtsstrudel der »enthemmten, gegen dissonante Meinungen abgeschirmten Diskurse« zu geraten drohen.[8] Resignation nun auch hier.

Den endgültigen Abschied hat, als personifizierte Eule der Minerva, nun Veith Selk eingeläutet. Seine *Demokratiedämmerung* (2023) ist eine der jüngsten Hervorbringungen der Ende-der-Demokratie-Literatur, zugleich aber auch ihre letzte und nicht mehr überbietbare Steigerung: Auf rund dreihundert Seiten wird hier die Demokratie so luzide wie gnadenlos als ein einziges großes Illusionstheater entlarvt; wer sich durch das Buch durchgearbeitet hat, wird kaum anders können, als alle Hoffnung fahren zu lassen.[9] Die Theorie bekommt den Totenschein gleich mit ausgestellt, sie kann heute nichts mehr erklären, geschweige denn, dass sie uns noch etwas zu sagen hätte:

7  Jürgen Habermas, *Strukturwandel der Öffentlichkeit*. Frankfurt: Suhrkamp 1990.
8  Jürgen Habermas, *Ein neuer Strukturwandel der Öffentlichkeit und die deliberative Politik*. Berlin: Suhrkamp 2022.
9  Veith Selk, *Demokratiedämmerung*. Berlin: Suhrkamp 2023.

Aus und vorbei wie alles. Hier ist der demokratische Minimalismus gleich zum demokratischen Nihilismus geworden, nach dem nun eigentlich nichts mehr kommen kann.

*IV.*

Der demokratische Minimalismus passt in eine Welt, die sich von der Zukunft nicht viel erwartet und bloß noch hofft, dass es nicht schlimmer kommt. Vorherrschende Grundstimmung ist ein tiefer Pessimismus, gespeist aus existentiellen Sorgen: Die Jugend treibt die Angst vor dem Klimawandel um, die Mittelklasse fürchtet den sozialen Abstieg, die Älteren bangen um die Sicherheit ihrer Renten; die unteren Schichten fürchten sich davor, weiter abgehängt zu werden, die oberen vor der Wut der Abgehängten, sie alle zusammen nun vor dem nächsten Krieg. Zur dominierenden Kategorie ist dieser Gesellschaft der »Verlust« geworden, den sie möglichst zu vermeiden trachtet. Umso mehr klammert man sich an das Gegenwärtige und gerade noch Bestehende: als »schlichtweg das, was übrig geblieben ist« von der Vergangenheit, aber ebenso gefährdet wie alles, was darin versunken ist.[10]

Darin drückt sich eine grundlegende Verschiebung aus, ein neues Verhältnis zu Zeit und Zeitlichkeit, dessen historische Dimension sich in den von Reinhard Koselleck vorgestellten Kategorien von Erfahrungsraum und Erwartungshorizont begreiflich machen lässt. Erfahrung war bei Koselleck »vergegenwärtigte Vergangenheit«, im Sinne einer Geschichte, die im Vorhandenen und bei den Menschen wirksam und lebendig ist, Erwartung demgegenüber »gegenwärtige Zukunft«, als ideelle Projektion des »Noch-Nicht« und des »nicht Erfahrenen« in die Zeit hinein. In den vormodernen Lebenswelten, so Koselleck, sei nun der Erwartungshorizont wesentlich durch die Erfahrung bestimmt gewesen, die Bauern, die ihre Äcker bewirtschafteten, und die Handwerker in ihren Zünften lebten so, wie auch die Generationen vor ihnen gelebt hatten, und auch für die Kinder und Kindeskinder konnte man es sich nicht anders vorstellen. Zukunft war dann im Wesentlichen Fortschreibung dessen, was schon immer war. Mit Eintritt in die Neuzeit und als ihr eigentliches Bestimmungsmerkmal ändert sich dies, die Erwartungen koppeln sich von den Erfahrungen ab, und dies alles unter dem sich durchsetzenden Narrativ des allgemeinen Fortschritts. Was kommen wird, lässt sich nicht mehr unter Rückgriff auf das Vergangene bestimmen: Die Zukunft

10 Andreas Reckwitz, *Verlust. Ein Grundproblem der Moderne.* Berlin: Suhrkamp 2024; das Zitat aus Judith Schalansky, *Verzeichnis einiger Verluste.* Berlin: Suhrkamp 2018.

wird neu, anders und aufregend, und dies in allen Bereichen des menschlichen Daseins.

Gerade in Europa glauben das heute nur noch die wenigsten. Die Gründe
werden oft darin gesehen, dass das Narrativ des Fortschritts insgesamt an
Glaubwürdigkeit verloren habe und in vielen Bereichen einem neuen Narrativ der Bedrohung gewichen sei; der Klimawandel ist hier nur ein, freilich
besonders dramatischer Anwendungsfall. Soweit es um die Demokratie oder
allgemein den politischen Liberalismus geht, der immer eine Fortschritts-
erzählung war, vollzieht sich darin aber auch eine erneute Verschränkung von
Erfahrungsraum und Erwartungshorizont, die von ihrer Grundrichtung her
wieder an vormoderne Zeiten erinnert.[11] Es ist deshalb kein Zufall, dass heute
an jeder Ecke wieder der Vergleich mit Weimar hervorgeholt wird, demgegenüber wieder andere geltend machen, er sei ganz unzulässig; weder sei es heute
so schlimm wie damals noch werde es so schlimm kommen.

Aber auch dort, wo der Vergleich zurückgewiesen wird, wirkt sich schon
die Diskussion darüber auf den Erfahrungsraum von Demokratie aus, der
nun ganz grundsätzlich neu besetzt wird: In seinen Geschichten orientiert er
sich nicht mehr an der Zeitenwende von 1989/90, sondern ordnet sich um ver-
schüttet geglaubte Traumata (Weimar) und Erfahrungen aus dem synchronen
Vergleich an (Ungarn, Polen, Indien, Türkei, USA). Die Erwartungen werden
dann wieder durch das geprägt, was anderswo schon beobachtet und gerade
in der Krisenliteratur in seinen einzelnen Schritten bereits wissenschaftlich
vermessen ist; genau dies wird dann in die Zukunft hinein extrapoliert.[12] Diese
soll nicht mehr anders sein als die Gegenwart, schon gar nicht stellt man sie
sich als besser vor, sondern man will möglichst viel von der Gegenwart erhalten und in die Zukunft hinein verlängern, auf diese Weise zugleich auch
retten. Der Rückblick in die Vergangenheit und der Ausblick in die Zukunft
dienen so gesehen nur dazu, die Gegenwart aufzuwerten, als die Zeitebene,
auf der sich das Bewahrenswerte versammelt.[13]

11   Ich greife hier eine Überlegung auf, die Hartmut Leppin im Frankfurter Arbeitskreis
»Normativität und Geschichte« in einer Analyse des Klimabeschlusses des Bundes-
verfassungsgerichts vorgetragen hat.
12   Sprechend der (derzeitige) Untertitel zu Levitsky / Ziblatt im englischen Original:
*What History Reveals about the Future*. Der deutsche Untertitel ist immerhin noch
optimistisch: *Und was wir dagegen tun können*.
13   François Hartog hat dies als »Präsentismus« beschrieben (*Regimes of Historicity.
Presentism and Experiences of Time*. New York: Columbia University Press 2015).

## V.

An die Stelle eines neuen Nachdenkens darüber, wie demokratische Politik in diesen unruhigen Zeiten aussehen könnte, tritt deshalb im demokratischen Minimalismus, so er sich überhaupt um das Fortbestehen der Demokratie sorgt und sie nicht schon abgeschrieben hat, das modisch gewordene Konzept der Resilienz, das nun gerade auf die Erhaltung jenes Gegenwärtigen zielt. Es stammt aus der Psychologie und bezeichnet dort die Eigenschaft einer Person, auf Stress und veränderte Umweltbedingungen durch Anpassung zu reagieren und dabei doch innerlich dieselbe zu bleiben; das lateinische Verb, von dem es sich ableitet, bedeutet »abprallen«. Mit diesem Inhalt ist Resilienz geradezu das Gebot der Stunde, alles und jedes soll heute gegen mögliche Bedrohungen resilient sein oder dazu gemacht werden: das Gesundheitssystem gegen künftige Pandemien, die digitale Infrastruktur gegen Softwareabstürze und Cyberattacken, die Wirtschaft gegen zu heftige Ausschläge der Konjunktur.

Auf die Demokratie übertragen bedeutet es, diese so wetterfest zu machen, dass vor allem der Ansturm des autoritären Populismus an ihr abprallt. Die legalistische Kultur der Bundesrepublik setzt dafür vor allem auf die Mittel des Rechts. Man zieht dann etwa neue Verteidigungsmauern um das Verfassungsgericht hoch, um zu verhindern, dass dieses irgendwann von den anderen lahmgelegt oder gleich gekapert wird; es könnte ja für die Sicherung der Demokratie künftig noch gebraucht werden.[14] Oder man ruft, auch das eine sehr deutsche Weise des Umgangs mit dem Problem, gleich nach Instrumenten wie der Verwirkung von Grundrechten und einem Parteiverbot, als könne man die Abwendung großer Teile der Bevölkerung von demokratischen Überzeugungen per Dekret untersagen.

Charakteristisch für beide Wege ist, dass die Sicherung der Demokratie nicht ihr selbst, sondern einer Instanz anvertraut wird, die ihrerseits außerhalb des demokratischen Prozesses steht. Von hier wäre es nur noch ein kleiner Schritt, für das Gemeinwesen wichtige Entscheidungen überhaupt auf Institutionen zu übertragen, die dem Wechsel von Mehrheit und Minderheit nicht unterworfen sind: Zentralbanken, unabhängige Regulierungsagenturen oder eben auch Verfassungsgerichte. Der mittlerweile vielfach beschriebene Aufstieg dieser Institutionen erschiene so gesehen nicht als das Problem demokratischer Legitimation, das er der Sache nach ist, sondern im Gegenteil als probates Mittel gegen die von allen Seiten drohenden Gefahren:

---

14 Vgl. nun, auf die gesamte Justiz bezogen, das »Judicial Resilience Project« des Verfassungsblog (verfassungsblog.de/we-are-launching-the-judicial-resilience-project/).

Rettung der Demokratie dadurch, dass man ihr möglichst viele Gegenstände entzieht.[15] Auch diese Entpolitisierung macht das System als solches zweifellos resilienter: Mag es im politischen Prozess auch drunter und drüber gehen, die wichtigen Entscheidungen werden ohnehin woanders getroffen. Ob sich mit alledem die Zukunft gewinnen lässt, fragt man besser nicht.

Es wäre dies aber auch keine sinnvolle Frage, weil Zukunft im Konzept der Resilienz nicht vorgesehen ist; wenn sie vorkommt, dann nur als Risiko, dessen Realisierung es zu verhindern gilt. In diesem Sinne handelt es sich um ein durch und durch defensives Konzept, gerade im Fall der Demokratie atmet es den Geist der Wagenburg, die gegen das Andere, das von allen Seiten andrängt, verteidigt werden muss. Damit gerät es in eine strukturelle Unterlegenheit gegenüber solchen Angreifern, die die Zukunft auf ihrer Seite sehen, überhaupt mit einer anderen, positiven Vision von Zukunft arbeiten. In der Vergangenheit war für die entsprechenden Entwürfe die politische Linke zuständig, die sie aber schon lange nicht mehr zu liefern imstande ist; bis heute gut darin, die gesellschaftlichen und ökonomischen Machtstrukturen kritisch zu analysieren, fehlt es ihr an den großen Ideen, wie sich daran etwas ändern ließe. Heute wird die Sehnsucht nach einer besseren Zukunft, auch wenn man es ungern einräumt, von jemandem wie Trump bedient. Gegen »Make America Great Again« mag man deshalb vieles sagen, aber es erzählt in einem Satz eine Geschichte, die inspirierende Geschichte von vergangenem Niedergang und Aufbruch zu neuen Ufern; wenn dafür das Alte erst einmal zerhauen werden muss, nun gut. Mit Sätzen wie »Sie kennen mich« wird man dagegen künftig nicht antreten können.

## VI.

Die Orte, an denen noch eine anspruchsvollere Vorstellung von Demokratie gepflegt wird, haben demgegenüber oft schon etwas Museales, der Wirklichkeit Entrücktes. Zu ihnen gehört etwa die Verfassungsinterpretation, in der sich, ihrem Gegenstand entsprechend, Schichten eines älteren Denkens ablagern und grundlegende Verschiebungen sich deshalb seltener – und wenn, dann langsamer – vollziehen als anderswo. Gegen alle mahnenden Rufe, man dürfe dem Grundgesetz keine bestimmte Demokratietheorie unterlegen, ist es hier insbesondere das Bundesverfassungsgericht, das bis heute darauf beharrt, dass Demokratie entgegen aller minimalistischen Zugriffe in der bloßen Möglichkeit des Mehrheitswechsels nicht aufgeht. Stattdessen wird sie,

---

15  In diese Richtung tatsächlich Colin Crouch, *Postdemokratie revisited*. Aus dem Englischen von Frank Jakubzik. Berlin: Suhrkamp 2021.

erstmals im KPD-Urteil, begriffen als die politische Lebensform, in der »die Menschen selbst ihre Entwicklung durch Gemeinschaftsentscheidungen« gestalten, »jedes Glied der Gemeinschaft freier Mitgestalter bei den Gemeinschaftsentscheidungen« ist und am Ende die »gleichmäßige Förderung des Wohles aller Bürger« stehen soll.[16]

Demokratie findet danach nicht nur in den und durch die Wahlen, sondern ganz wesentlich auch dazwischen statt; sie »lebt«, wie es in der Entscheidung zum Vertrag von Lissabon heißt, »zuerst von und in einer funktionsfähigen öffentlichen Meinung«, die »die vorhandenen Alternativen auch für konkrete Sachentscheidungen fortlaufend in Erinnerung ruft«.[17] Grundrechte wie Meinungs-, Versammlungs- und Vereinigungsfreiheit werden deshalb wesentlich als politische Mitwirkungsrechte gelesen, die Parteien fungieren laut Parteiengesetz als »ständige lebendige Verbindung zwischen dem Volk und den Staatsorganen«; demokratische Repräsentation heißt »beständiger Dialog zwischen dem Parlament und gesellschaftlichen Kräften«, und die Wahl selbst erscheint zuletzt nur als Ausschnitt aus einem umfassenderen »Kommunikationszusammenhang«, der seinerseits das Wesen der Demokratie ausmacht.[18]

Das ist nicht weit entfernt von Ideen einer deliberativen Demokratie, wie sie sich bei Habermas und seinen Nachfolgern der Frankfurter Schule finden; in einigen Entscheidungen stößt man sogar auf Anleihen aus dem zugehörigen Vokabular. Es ist aber nicht ohne Ironie, weil das Gericht selbst in seiner sonstigen Judikatur demokratisches Regieren nicht gerade leichter gemacht hat, um es höflich auszudrücken: Es hat das Netz der materiell-inhaltlichen Vorgaben im Laufe der Zeit immer dichter gewebt, in viel zu vielen Bereichen wird die Verfassung heute extrem kleinteilig ausgelegt, entsprechend geschrumpft sind die Räume zu autonomer politischer Gestaltung. Zuletzt hat das Bundesverfassungsgericht mit seiner rigiden Auslegung der Schuldenbremse das Land nicht nur in eine Phase politischer Lähmung und Instabilität geführt, sondern es auch geschafft, eine Regierung zu stürzen: Zerbrochen ist die vorherige Koalition ja im Wesentlichen an dieser Entscheidung, an der auch alle, die ihr nachfolgen, noch zu tragen haben dürften. Philip Manow hat dies letztens zu der These zugespitzt, Demokratie finde heute in vielen Ländern überhaupt nur noch »unter Beobachtung« statt, und zwar gerade durch eine Verfassungsgerichtsbarkeit, die immer übergriffiger agiere und so

---

16  BVerfGE 5, 85 (196, 197f.)
17  BVerfGE 123, 267 (358)
18  BVerfGE 151, 1 (19f.)

»die Möglichkeiten des Elektorats, auf gesellschaftliche Zukünfte Einfluss zu nehmen, auf überwachte Bahnen« lenke.[19]

Nun könnte eine solche Überwachung in Zeiten, in denen ein nicht unerheblicher Teil dieses Elektorats seine Zukunft in der Abschaffung der Demokratie sieht, natürlich auch ihr Gutes haben; Sicherung der Demokratie, etwa durch Offenhaltung der gleichen Chance der politischen Machtgewinnung, wäre ja doch eine sinnvolle und als solche auch weithin unbestrittene Aufgabe von Verfassungsgerichten. Angesichts des grassierenden Populismus dürfte das Problem auch eher darin liegen, dass diese mit ihren Entscheidungen oft selbst ein populistisches Ressentiment bedienen, die Vorstellung nämlich, dass die da oben abgehoben sind von den Nöten und Erfahrungen des Alltags, es auch einfach nicht können und deshalb völlig zu Recht von einer Institution, die wie der Geist über den Wassern schwebt, abgewatscht werden. Das Urteil zur Schuldenbremse und die bekannten Reaktionen darauf – wahlweise »Ohrfeige«, »Quittung« oder »Klatsche aus Karlsruhe« – belegen dies ebenso wie der vorläufige Stopp des umstrittenen Heizungsgesetzes, der all denen Recht zu geben schien, die auf den Marktplätzen ausriefen, das Volk müsse sich endlich die Demokratie zurückholen. Auch deshalb könnte es ein Fehler sein, die Rettung der Demokratie ausgerechnet von einem Gericht zu erwarten.

## VII.

So oder so haben innerhalb der Rechtswissenschaft die Absetzbewegungen längst eingesetzt und gewinnt auch hier ein demokratischer Minimalismus an Zulauf, ohne sich so zu nennen: In einer einflussreichen neueren Behandlung wird das Demokratieprinzip wieder rein voluntaristisch verstanden, die Vorstellung, dass es dort überhaupt um einen Streit um Gründe gehen könnte, als lebensfremd verworfen. Stattdessen eröffnen sich im Gewand einer politischen Mechanik überall kleinteilige Sphären und abgestufte Grade von Freiheit, die sich keiner übergeordneten Idee mehr fügen.[20] Und gerade unter jüngeren Vertretern des Faches gewinnt im Zuge einer allgemeinen

---

19  Philip Manow, *Unter Beobachtung. Die Bestimmung der liberalen Demokratie und ihrer Freunde*. Berlin: Suhrkamp 2024.

20  Christoph Möllers, *Demokratie*. In: Matthias Herdegen u.a. (Hrsg.), *Handbuch des Verfassungsrechts*. München: Beck 2021; ders., *Freiheitsgrade. Elemente einer liberalen politischen Mechanik*. Berlin: Suhrkamp 2020. Demgegenüber scheinen mir Möllers' Überlegungen in *Demokratie – Zumutungen und Versprechen* (Berlin: Wagenbach 2008) noch einem deutlich anspruchsvolleren Konzept verhaftet.

Kelsen-Renaissance auch seine Demokratietheorie an Zulauf. Auch das lässt sich als Reaktion auf das Grundproblem aller anspruchsvolleren Konzeptionen lesen, die aus sich heraus immer in einer Spannung zur Wirklichkeit stehen. Es ist dann nicht schwer, ihnen diese Wirklichkeit als Spiegel vorzuhalten und sie daran zerschellen zu lassen; dafür reicht derzeit ein Blick in die Welt um uns herum.

Das Problem des demokratischen Minimalismus liegt demgegenüber umgekehrt darin, dass er seinen Begriff von Demokratie an die schlechtere Wirklichkeit vieler heutiger demokratischer Ordnungen anpasst, diese damit überhaupt zum Maßstab für den Begriff nimmt. Er muss sich damit die Gegenfrage gefallen lassen, was durch ihn selbst mit Blick auf die Herausforderungen und Gegenwartsprobleme der Demokratie zu gewinnen wäre. Was man mit ihm bekommt, ist immerhin leicht zu sehen: ein klares Unterscheidungskriterium zwischen Demokratie und Nichtdemokratie. So wie in den entsprechenden Verfallsanalysen die »slow road« präzise beschrieben wird, auf der einmal in Wahlen an die Macht gekommene Volksverführer ihre eigene Herrschaft verfestigen, die öffentliche Meinung manipulieren und institutionelle Gegengewichte ausschalten, ist nun der Punkt markiert, an dem der Umschlag in den Autoritarismus vollzogen ist und sich von Demokratie endgültig nicht mehr sprechen lässt.

Was man nicht bekommt, ist ein tieferes Verständnis dieser Herausforderungen und Gegenwartsprobleme, genauer: warum es sich dabei überhaupt um Probleme handelt und nicht bloß um etwas, das einfach so passiert. Wo es am Ende nur auf die fortbestehende Möglichkeit eines Mehrheitswechsels ankommt, ist alles unterhalb dieser Schwelle ja erst einmal ohne Belang. Warum, zum Beispiel, soll es für die Demokratie ein Problem sein, wenn eine offensichtlich immer größere Zahl von Leuten die Fakten leugnet und die abstrusesten Ansichten vertritt? Oder warum sollte das »Versiegen der rationalisierenden Kraft der öffentlichen Auseinandersetzung« (Habermas 2022), überhaupt der Ausfall einer politischen Öffentlichkeit, den viele beklagen, die Theorie interessieren, wenn es auf eine solche für die Demokratie ohnehin nicht ankommt?

Versteht man hingegen mit deliberativen Konzeptionen Demokratie als eine Form des öffentlichen Vernunftgebrauchs, die durch den Austausch rechtfertigender Gründe bestimmt ist, sieht man, dass all dies nicht nur einige ihrer begünstigenden äußeren Voraussetzungen betrifft, die gegeben sein mögen oder auch nicht, sondern sie selbst, in ihrem Begriff und der sie von innen her tragenden Ordnungsidee, und sie von dort her zersetzt. Und man erkennt, warum sie existentiell herausgefordert ist, wenn Gesellschaften immer mehr und zuletzt so weit auseinanderdriften, dass, wie es derzeit in den

USA zu beobachten ist, sich die verschiedenen Lager gegenseitig als Feinde betrachten und die eine Seite die andere ganz grundsätzlich als »böse« ansieht.[21] Das ist für die Demokratie nicht nur deshalb eine Gefahr, weil damit ganz am Ende die Bereitschaft schwinden könnte, sich von der anderen Seite wieder abwählen zu lassen, wenn man sich von dieser doch durch einen Graben getrennt sieht. Sondern weil damit die Idee politischer Gemeinschaft aufgekündigt ist, die überhaupt erst den Grund wie die Möglichkeit von Demokratie bildet: als ein gemeinsames Unternehmen von Bürgern, die sich über ihre unterschiedlichen politischen Überzeugungen und Interessen hinweg wechselseitig zu Koautoren ihrer Rechtsordnung einsetzen und gerade darin zu einer solchen Gemeinschaft zusammenschließen. Man kann so auch sehen, warum die Demokratie nicht erst dann zerfällt, wenn eine aus einer solchen Polarisierung hervorgegangene und sie selbst immer weiter vorantreibende Bewegung die politischen Ämter im Staat besetzt, sondern bereits lange zuvor; der Umschlag in den Autoritarismus ist nur noch der letzte Nagel in den Sarg, und was davor steht, ist bestenfalls eine defekte und bereits schwer beschädigte Demokratie.

## VIII.

Damit ist das erste von drei grundlegenden Defiziten des demokratischen Minimalismus benannt: dass er in seiner normativen Anspruchslosigkeit keinen Maßstab liefert, anhand dessen sich mögliche Fehlentwicklungen frühzeitig markieren und als solche benennen lassen. Von hier aus muss man natürlich auch nicht weiter nachdenken, was gegen den weiteren Verfall gegebenenfalls zu unternehmen wäre, wie es die Europäische Union gegen erhebliche Widerstände mit der Regulierung von Künstlicher Intelligenz und sozialen Medien immerhin versucht. Damit fehlt es, zweitens, auch an einem Maßstab für Kritik. Denn natürlich ist es nicht so, dass es am gegenwärtigen Zustand der repräsentativen Demokratie auch hierzulande nichts auszusetzen gäbe; es hat ja Gründe, dass sich immer mehr Bürger von ihr abwenden: Die Qualität des politischen Personals scheint durchaus verbesserungsfähig, Politik wird häufig bloß durch ihre Simulation ersetzt, die Schere zwischen Arm und Reich klafft immer weiter auseinander, viele Bürger fühlen sich schlecht regiert, andere wiederum mit ihren Ansichten nicht repräsentiert – der Platz reicht gar nicht hin, um aufzuzählen, woran es auch bei uns zu einer guten, oder sagen wir einfach: besseren Demokratie alles fehlt. Aber zur Fairness würde

---

21 Steffen Mau / Thomas Lux / Linus Westheuser, *Triggerpunkte. Konsens und Konflikt in der Gegenwartsgesellschaft*. Berlin: Suhrkamp 2023.

es gehören, bei aller Kritik zunächst zu unterscheiden, was daran wirklich demokratiespezifisch ist, also die Qualität des demokratischen Prozesses an sich betrifft, und wo es demgegenüber um generelle Probleme des Regierens in verschachtelten Mehrebenensystemen und im Lichte von Problemen geht, für die es Lösungen vielleicht auch gar nicht gibt, erst recht keine einfachen. Autoritäre Regime sind nicht besser darin, solche Lösungen zu entwickeln, sie können typischerweise nur besser verschleiern, dass sie auch keine haben; wo das nicht geht, greifen sie eben auf Repression zurück.

Auf der anderen Seite braucht es aber ein Bild von Demokratie, das sich dem realen Erscheinungsbild gegenüberstellen und anhand dessen sich dieses zuallererst beurteilen lässt. Es kann dies nur ein idealisierendes Bild sein, das das alte demokratische Versprechen auch unter veränderten Realisierungs-bedingungen immer wieder sichtbar macht: dass jeder Bürger mit seiner Stimme gehört wird und diese wichtig ist, dass die Bürger in ihrer Gesamtheit sich mit dem, was sie politisch für richtig halten, in den politischen Entschei-dungen wiederfinden können, und dass sie sich gerade darin als politische Gemeinschaft wissen und wollen. Nur daraus kann zuletzt die Bereitschaft erwachsen, sich für die und vor allem auch in der Demokratie zu engagieren. Dagegen wendet der demokratische Minimalismus wiederum ein, alle dies-bezüglichen Erwartungen seien von vornherein überzogen und könnten nur enttäuscht werden, was dann am Ende auf die Demokratie selbst zurückfalle. Aber die Lösung kann auch nicht sein, sich deshalb gleich mit einer Min-derform von Demokratie zu begnügen, die in der Tat niemanden mehr ent-täuschen kann, weil auch niemand etwas von ihr erwartet.

Schließlich wird man, drittens, sehen müssen, dass es zu kurz gegriffen wäre, die vielfach diagnostizierte Krise der Demokratie bloß aus ihrem Gegensatz zum Autoritarismus zu begreifen, der dafür immerhin das passende Feind-bild liefert. Stattdessen spricht einiges dafür, dass wir es mit einem In-sich-Konflikt der Demokratie zu tun haben, der im Kern ein semantischer Kampf, ein Kampf um die Besetzung ihres Begriffs ist. Der amerikanische Vizeprä-sident J. D. Vance hat dies im Februar 2025 in seiner Rede auf der Münchner Sicherheitskonferenz in einer Klarheit zum Ausdruck gebracht, für die man ihm vielleicht noch einmal dankbar sein wird. Im Kern stehen sich hier zwei Modelle gegenüber, die wieder ältere, längst überwunden geglaubte Gegen-sätze aufrufen: zwischen Demokratie und Liberalismus, Volkssouveränität und Rechtsstaatlichkeit, ganz wesentlich auch zwischen Identität und Reprä-sentation. Im einen Modell, für das derzeit hauptsächlich die USA stehen, ver-wirklicht sich Demokratie wesentlich im Modus der Identität, als vorgestellte Einheit zwischen der Mehrheit des Volkes und dem von ihr gewählten An-führer, der das innere Denken und Fühlen dieser Mehrheit, oft auch gerade der »schweigenden Mehrheit«, in seiner Person verkörpert und in seinem politischen Handeln, wie erratisch es von außen erscheinen mag, abbildet.

Demgegenüber setzt das europäische, wenngleich auch hier längst nicht mehr von allen geteilte Modell auf Formen und Verfahren der Repräsentation, in denen um den richtigen Weg gerungen und mit Argumenten gestritten wird. Zugleich sollen sich die Gegensätze, auch das ganz Rohe und Unbehauene, auf dem langen Weg von unten nach oben ein Stück abschleifen; es ist zugleich eine Kultur des wechselseitigen Respekts, der Mäßigung und des Ausgleichs, auf die man gerade im Vergleich auch einmal stolz sein kann. Man müsste dies auch noch weiter zuspitzen; als noch einmal amerikanische Spezialität käme etwa ein Verständnis von Politik als von jeder Regulierung freier, anarchischer Markt hinzu, auf dem sich der Stärkste durchsetzen darf. Man hat deshalb dort auch überhaupt kein Problem damit, wenn einige Superreiche wirtschaftliche Macht in politischen Einfluss ummünzen.[22] Gerade daran kann sich dann wiederum offener Streit mit der Europäischen Union entzünden, wie jüngst um die Regulierung der großen Internetkonzerne und der sozialen Medien. Aber das ist seinerseits wieder nur ein praktischer Anwendungsfall für den Kampf um die Begriffe, der dahinter stattfindet und den man dann als solchen auch annehmen müsste. Aus dem Geist der Defensive lassen sich solche Kämpfe erfahrungsgemäß nur schwer gewinnen.

---

22 Klar hervorgetreten in der Entscheidung des US Supreme Court in Citizens United vs. Federal Election Commission, 558 U.S. 310 (2010): Danach fällt der Einsatz finanzieller Mittel zum Zweck der politischen Einflussnahme unter das Recht der freien Rede; gesetzliche Beschränkungen zur Wahlkampffinanzierung durch mächtige Interessengruppen sind deshalb unzulässig.

*Ernest Mujkič*
## Anima migrante

*Versuch einer Philosophie des Flüchtlings*

Unsereiner muss Wiederaufbauarbeit leisten. Wir sind so viele. Mir ist das nicht klar gewesen. Wir sind, hört man hier, mehr als angefordert. Wir missbrauchen, hört man dort, unser Freiheitsrecht, auszuwandern, um zu bleiben, um zu wohnen. Wir sind, heißt es allerorts, illegal. Wir sind Flüchtlinge. Wir sind nicht Gäste, die, Geschäftstätigen oder Touristen gleich, in ein anderes Land aufbrechen. Wir wollen bleiben, wir wollen wohnen, wir wollen leben. Wir sind Flüchtlinge, weil die Welt, in der wir zur Welt gekommen sind, uns keine Heimstätte (mehr) bietet. Vielleicht nie eine solche geboten hat. Wir sind Flüchtlinge, weil wir, von politischen Machthabern und ihren Helfershelfern vor Ort zum Feind und Freiwild erklärt, um unser Leben fliehen müssen. Wir sind Flüchtlinge, weil wir, in unserem Herkunftsland um den Lohn unseres täglichen Werks betrogen, verarmt und hungernd, um unser Leben fliehen müssen. Wir sind Flüchtlinge, weil wir, unser Frucht- und Festland verloren, um unser Leben fliehen müssen. Wir sind Flüchtlinge, weil wir, die Aussichtslosigkeit des morgigen aus der Erbarmungslosigkeit des gestrigen Tages kennend, um unser Leben fliehen müssen. Wir sind Flüchtlinge – einerlei, ob unbegleitet und minderjährig, begleitet und erwachsen, gebildet oder ungebildet, gebrechlich oder gesund –, wir sind Flüchtlinge, weil »die Staaten«, die wir verlassen müssen, »ohne Ausnahme schlechte Staaten sind«,[1] weil diese Staaten untergehend oder untergegangen sind, weil wir, in diesen lebend, schon Staatenlose sind. Und doch müssen wir, wollen wir den Regularien gehorchen, uns bekennen. Wir müssen einsehen, dass wir falsche Migranten sind. Wir müssen uns schuldig bekennen, durch unsere Flucht an der illegalen Einreise teilgenommen zu haben. Wir müssen uns schuldig bekennen, dem Flüchtlingsbegriff nicht zu genügen. Wir müssen uns schuldig bekennen, irreguläre Migranten zu sein. Wir sind Flüchtlinge. Und doch sind wir es nicht. Nicht mehr. Wir sind weniger.

In der Übereinkunft der Internationalen Migrationskonferenz in London im Jahr 1889 hieß es »We affirm the right of the individual to the fundamental liberty accorded to him by every civilized nation to come and go and to

---

1 Michael Blake, *Das Recht zu gehen*. In: Frank Dietrich (Hrsg.), *Ethik der Migration. Philosophische Schlüsseltexte*. Berlin: Suhrkamp 2017.

dispose of his person or his destinies as he pleases«,[2] und das stand schon im Widerspruch zu der ab dem 17. Jahrhundert zunehmenden Verwendung des Flüchtlingsbegriffs zur Bezeichnung von infolge politischer und militärischer Gewalt verfolgten Personen.[3] Diese Grundfreiheit ist seit dem Ersten Weltkrieg, aber insbesondere seit der millionenfachen Ermordung und Vertreibung von europäischen Juden im Zweiten Weltkrieg, dadurch eingeschränkt worden, dass Flüchtlinge laut Artikel 1 der Genfer Flüchtlingskonvention (GFK) lediglich über *eine* »Flüchtlingseigenschaft« verfügen, weil der Flüchtlingsstatus nur einer Person zuerkannt wird, die aus »begründeter Furcht vor Verfolgung wegen ihrer Rasse, Religion, Nationalität, Zugehörigkeit zu einer bestimmten sozialen Gruppe oder wegen ihrer politischen Überzeugung sich außerhalb des Landes befindet, dessen Staatsangehörigkeit sie besitzt, und den Schutz dieses Landes nicht in Anspruch nehmen kann oder wegen dieser Befürchtungen nicht in Anspruch nehmen will; oder die sich als Staatenlose infolge solcher Ereignisse außerhalb des Landes befindet, in welchem sie ihren gewöhnlichen Aufenthalt hatte, und nicht dorthin zurückkehren kann oder wegen der erwähnten Befürchtungen nicht dorthin zurückkehren will«.

Auch Michael Walzer, dessen Ausführungen über die Mitgliedschaftszugehörigkeit zu den meistdiskutierten migrationsethischen Annahmen gehören, hat in Übereinstimmung mit Artikel 14 der Allgemeinen Erklärung der Menschenrechte (AEMR) – wonach »niemand [...], der wegen eines nicht-politischen Verbrechens oder wegen Handlungen strafrechtlich verfolgt wird, die gegen die Ziele und Grundsätze der Vereinten Nationen verstößt«, für sich das »Recht« in Anspruch nehmen kann, »in anderen Ländern vor Verfolgung Asyl zu suchen und zu genießen« – eine Verteidigung des Status quo und damit auch die Grenzschließung gegenüber Migranten im Allgemeinen und Flüchtlingen im Besonderen begründet.[4] Wogegen Peter Singer allerdings eingewandt hat, dass diese »zu eng« gefasste Definition »das Problem hinweg[definiert]«, weil dadurch die existenzielle Notlage lediglich auf politisch bedingte – zumal die Verfolger den Verfolgten keine Verfolgungsbescheide

---

2  Zit. n. Martino Mona, *Recht auf Einwanderung oder Recht auf politisch-kulturelle Selbstbestimmung? Zur kommunitaristischen Kritik an einer liberalen Migrationspolitik.* In: Andreas Cassee / Anna Goppel (Hrsg.), *Migration und Ethik.* Paderborn: Mentis 2012.

3  Jochen Oltmer, *»Flüchtling« – historische Perspektive.* In: Tabea Scharrer u.a. (Hrsg.), *Flucht- und Flüchtlingsforschung. Handbuch für Wissenschaft und Studium.* Baden-Baden: Nomos 2023.

4  Michael Walzer, *Sphären der Gerechtigkeit. Ein Plädoyer für Pluralität und Gleichheit.* Aus dem Englischen von Hanne Herkommer. Frankfurt: Campus 2006.

ausstellen –, nur selten anerkannte Fluchtgründe zurückgeführt wird und andere – etwa ökonomisch und ökologisch verursachte – existenzielle Notlagen als Fluchtgründe ausgeschlossen sind.[5]

Die Freiheit einer jeden Gemeinschaft, und damit auch einer sich zur freiheitlichen Grundordnung bekennenden Gesellschaft, selbst zu bestimmen, wie viele Mitglieder sie hat, wie sie ethnisch und im weiteren Sinn kulturell und politisch beschaffen sein will, erlaubt es Walzer zufolge, Migranten und Flüchtlingen die Aufnahme zu verweigern. Den Flüchtlingen als »Opfern politischer und religiöser Verfolgung«, so schränkt er ein, seien alle politischen Gemeinschaften zwar auf der Grundlage des Prinzips der »gegenseitigen Hilfe«, das er als einziges legitimes »externes Prinzip für die Vergabe von Mitgliedschaft« betrachtet, zur Aufnahme verpflichtet. Von dieser Pflicht ausgenommen sind jedoch seiner Ansicht nach Gesellschaften, die nicht für die Not der Flüchtlinge (mit)verantwortlich sind. Außerdem erachtet er es auch in dem Fall, dass »ihre Zahl wächst und wir genötigt sind, unter Opfern auszuwählen«, für moralisch gerechtfertigt, wenn aufnehmende Gemeinschaften sich nach ethnischen, kulturellen und politischen Zugehörigkeitsaspekten die richtigen Flüchtlinge aussuchen. Auch wenn Walzer es nicht ausdrücklich sagt, legt sein Resümee es letztlich nahe, dass Staaten, in welche die genannten Flüchtlinge zu fliehen versuchen, trotz des völker- und menschenrechtlich bindenden Verbots des Refoulement (also der Abschiebung von politisch Verfolgten in die Staaten, aus denen sie fliehen müssen) letztlich selbst bestimmen dürfen, wer überhaupt als Flüchtling zu betrachten ist und damit als aufnahmewürdig gilt.

Vor dem Hintergrund dieser die Begriffe der Gemeinschaft und Gesellschaft nur vage unterscheidenden Bestimmung des nationalen Gemeinschaftsrechts liberaldemokratischer Rechtsstaaten auf Selbstbestimmung und der zunächst expliziten begrifflichen Trennung zwischen Migranten und Flüchtlingen erscheint es auch laut David Miller folgerichtig, zu beachten, dass, weil es eines »internen Zusammenhangs zwischen den kulturellen und materiellen Aspekten der Gemeinschaft«, sozusagen »einer verbindenden öffentlichen Kultur« um des Überlebens einer Gemeinschaft willen bedarf, das nationalstaatliche Recht auf Wahrung der »kulturellen Kontinuität« beziehungsweise »kollektiven Identität« berechtigterweise über dem Recht des Flüchtlings auf die Bewegungsfreiheit steht, das ihm zufolge kein »mitgliedschaftsspezifisches Menschenrecht« und damit lediglich ein »Ersatzrecht« sei, welches das Verlassen eines Landes völkerrechtlich

---

5  Peter Singer, *Die drinnen und die draußen*. In: Dietrich (Hrsg.), *Ethik der Migration*.

garantiert, das Einreisen, Bleiben und Wohnen in einem anderen Land dagegen nicht.[6]

Dieses Recht der Gemeinschaft auf die »Vereinigungsfreiheit« impliziert wiederum Christopher Heath Wellman zufolge, dass »wohlhabende Länder ihre Grenze« so wenig »für weniger vermögende Immigranten öffnen« müssen wie »wohlhabende Paare ihre Ehen für schlechter gestellte Personen«.[7] Zwar würden, wie Julian Nida-Rümelin hervorhebt, »Individualrechte Grenzen« ziehen, deren Überschreitung normativ unzulässig sei, also Grenzen, die es verbieten, Migranten und Flüchtlinge Gesetzen zu unterwerfen, die sich auf deren Existenz schädigend auswirken.[8] Jedoch ist dieser Argumentation zufolge auch das moralische Gebot zu beachten, dass es eine »Solidaritätspflicht« gegenüber Gemeinschaften gibt,[9] die es einem Individuum ermöglicht haben, sich überhaupt als Person zu konstituieren – einerseits die individuelle Pflicht zur Solidarität gegenüber der Familie und infolgedessen gegenüber dem Staat, auch ohne dass Personen dieser Verpflichtung freiwillig zugestimmt hätten, andererseits die Pflicht des liberaldemokratischen Rechtsstaats zur Solidarität gegenüber den Gemeinschaften, die seinen Bürgerinnen und Bürgern zur Selbstentfaltung verholfen haben, die den Staat zur Zurückweisung von Migranten und Flüchtlingen berechtigt.

Wenn man die individualrechtliche, auch körperliche Grenze der Bürgerinnen von Gesellschaften, in welche die Flüchtlinge fliehen (wollen), zur Begründung der kollektivrechtlichen, quasikörperlichen Grenze von ihre Interessen vertretenden Staaten erklärt, weil nur auf diese Weise deren notwendige »Quasi-Identität« als »Gemeinschaft«, mithin die »kollektive Handlungsfähigkeit« der liberaldemokratischen Rechtsstaaten, ermöglicht werden soll, lässt sich meines Erachtens aus dem Recht politischer Gemeinschaften auf die ethnische, kulturelle und politische Selbstbestimmung beziehungsweise auf die kollektive »Vereinigungsfreiheit« und aus der »Solidaritätspflicht« des Staates gegenüber seinen Bürgern folgerichtig die gegenwärtige, nicht nur

6   David Miller, *Einwanderung: Das Argument für Beschränkungen*. In: Cassee / Goppel (Hrsg.), *Migration und Ethik*.

7   Christopher Heath Wellman, *Immigration und Assoziationsfreiheit*. In: Dietrich (Hrsg.), *Ethik der Migration*.

8   Julian Nida-Rümelin, *Zur normativen Ontologie von Grenzen*. In: *Philosophisches Jahrbuch*, Nr. 126/2, 2019.

9   Sarah Fine, *Assoziationsfreiheit ist nicht die Lösung*. In: Dietrich (Hrsg.), *Ethik der Migration*.

europaweit dominierende, migrationspolitische Auffassung begründen, der zufolge die Zielländer von Flüchtlingen »keine Pflicht zur Selbstzerstörung« haben.[10]

Wir Flüchtlinge hätten natürlich Selbstmord begehen können. Auch ich – ein Flüchtling wie Hannah Arendt und Bertolt Brecht, wie Albert Einstein und Thomas Mann – auch ich, als Minderjähriger aus Bosnien und der Herzegowina im Winter des Jahres 1993 geflohen, nachdem die serbischen Freischärler und die Jugoslawische Volksarmee im Dienst serbischer Nationalisten sich an die Vernichtung und Vertreibung der bosnisch-herzegowinischen Muslime gemacht hatten, auch ich hätte mich – wie einst Walter Benjamin – also umbringen können, um mich zu befreien. Ich habe es nicht getan. Ich bin geflüchtet, um am Leben zu bleiben, um frei sein zu können.

Wir Flüchtlinge fliehen, um am Leben zu bleiben. Wir stehen vor der Grenze. Wir sind außergesetzlich. Wir sind falsch. Wir sind hier. Wir Flüchtlinge sind so lange und wieder hier. Am Hügel vor der Grenze, vor dem Recht. Wir laufen hinauf, dann und jedes Mal wieder hinab und zurück ins Tal. Die Straßenhunde sind unsere Zeugen. So geht es Nacht für Nacht, Jahr für Jahr. Wenn im Tal die Sonne aufgeht, bleibt der Tag fern von uns, so fern wie wir von der Grenze. Wir glauben an die Nacht, an jede kommende Nacht. Unseren Gottglauben haben wir sicherheitshalber der Sonne mitgegeben. Hinter und vor uns allnächtlich der Mond. Und die Hatz. Und die Schläge. Und die Schmerzen. Und die schreiende Stille in unseren verstummten Augen, die um gestohlene Tränen trauern. Wir sind, wir bleiben Grenzgänger. Wir sind, nicht nur juristisch, sondern auch existenziell unfrei. Und »je weniger wir frei sind zu entscheiden, wer wir sind [...], desto mehr versuchen wir, eine Fassade zu errichten, die Tatsachen zu verbergen und in Rollen zu schlüpfen«.[11] Wir wollen deshalb keine Flüchtlinge sein. Wir bekennen uns dazu, durch unsere Flucht Schuld auf uns geladen zu haben. Wir nehmen von einem Augenblick auf den anderen, mit dem ersten Schritt diesseits der Grenze und auf der Seite des Rechts, Abstand von uns selbst. Wir werfen mit unseren Kleidern auch unsere Lebenswelt ab und in den Müllcontainer. Wir wollen nicht wir,

---

10  Peter Sloterdijk zit. n. Armin Nassehi, *Jenseits der Reflexe. Der Philosoph Peter Sloterdijk wirft seinen Kritikern in der Flüchtlingsdebatte Hetze und Falschlektüre vor. Eine Gegenrede.* In: *Zeit Online* vom 11. März 2016 (zeit.de/kultur/2016-03/peter-sloterdijk-replik-armin-nassehi).

11  Hannah Arendt, *Wir Flüchtlinge* [1943]. Übersetzt von Eike Geisel. Stuttgart: Reclam 2016.

wir wollen keine Flüchtlinge, wir wollen reguläre Migranten sein. Wir wollen legal sein. Wir wollen eure Bedingung des Mensch- und Personseins erfüllen. Wir wollen euch nicht enttäuschen, nicht erzürnen.

Als ich in einem westlich von München gelegenen Gymnasium im Jahr 2015 – jenem Jahr, in dem Angela Merkel, damalige Bundeskanzlerin und CDU-Vorsitzende, den unter anderem aus Syrien über die sogenannte Balkanroute nach Europa geflohenen, wochenlang zuvor bereits an Außen- und Binnengrenzen der Europäischen Union von Grenzern und selbsternannten Bürgerwehren geschlagenen,[12] quer durch die EU-Staaten irrenden Menschen öffentlich verkündet hatte, dass Deutschland es schaffen werde, sie aufzunehmen, und dafür von verschiedenen politischen Akteuren nicht nur in der Sache kritisiert, weil ihre Entscheidung die Dublin-Regelungen untergrabe, sondern auch persönlich angegriffen und sogar als eidbrüchige Landesverräterin bezeichnet wurde, gegen die folglich grundgesetzlich verbriefter Widerstand geboten wäre – als ich wenige Wochen nach der Aufnahme meiner Lehrtätigkeit an dieser Schule einem Kollegen begegnete, ergab sich folgendes Gespräch: Man müsse, sagte er, den Flüchtlingen, die nach Deutschland und Europa wollen, noch in ihren Herkunftsländern ehrlich sagen, sie seien nicht willkommen. Sie hätten bei uns in Deutschland, in Europa nichts zu suchen. Die hiesige Bevölkerung wolle sie nicht hier haben. Man schulde das diesen Leuten, aus Gründen der Fairness. Auf meine Frage, ob seine Aussage auch mir gelte, immerhin einem Menschen, der ethnischen Säuberungen im Geburtsland durch die Flucht nach Deutschland, seines Gastarbeitervaters Lebensland, entkommen sei, erwiderte er, dass ich doch wissen müsse, er habe natürlich nicht mich gemeint. Ich sei in Ordnung.

Wenige Monate und politische Beschlüsse zur Unterbringung der erwähnten Flüchtlinge später begegnete mir ein anderer Kollege im Treppenhaus derselben Schule, in dessen Augen ich als ein durchaus nachahmenswertes Beispiel eines guten, ausländisch und zudem muslimisch sozialisierten Migranten galt. Wie ich es, fragte er mich, einschätzen würde, ob denn die in der Sporthalle untergebrachten Flüchtlinge in der Lage seien, beim anstehenden Weihnachtskonzert ruhig sitzen zu bleiben und zuzuhören. Er selbst hege nämlich diesbezüglich Zweifel und habe sich auch deshalb dafür ausgesprochen, dass der Zaun, der um die Sporthalle bereits gebaut wurde, mit einem Sichtschutz versehen werde, um unsere Kinder, vor allem unsere

---

12 Vgl. Volker M. Heins / Frank Wolff, *Hinter Mauern. Geschlossene Grenzen als Gefahr für die offene Gesellschaft*. Berlin: Suhrkamp 2023.

Mädchen, vor den Blicken arabischer Jugendlicher zu schützen. Man wisse doch seit der Kölner Silvesternacht, wozu sie alle fähig seien. Auf meine Erwiderung, warum Flüchtlinge, in deren Kultur Musik genauso ein prägender Bestandteil der individuellen Identität und des gemeinschaftlichen Selbstverständnisses sei, an einem Weihnachtskonzert nicht teilnehmen können sollten, was der Sichtschutz mit den Flüchtlingen vor Ort und zudem mit dem Weihnachtskonzert zu tun habe und wie es komme, dass er ausgerechnet mir, einem ehemaligen Flüchtling, diese Frage stelle, antwortete er kurzerhand, dass er mich frage, weil ich mich eben auskennen würde, was derlei Sachen anbelange.

Wir Flüchtlinge sind verwirrt, weil wir nicht mehr wir selbst sind, weil wir uns nicht mehr trauen, uns »dem Schicksal« unseres »bloßen Menschseins auszusetzen«, aber man kann selbstverständlich behaupten, dass wir uns »die Verwirrung, in der wir leben, teilweise selbst zuzuschreiben« haben (Hannah Arendt). Unsereiner muss, wie gesagt, Wiederaufbauarbeit leisten. Wir sind so viele. Wir sind, hört man, mehr als angefordert. Wir fliehen aber nicht, weil wir angefordert sind. Wir flehen um die Grenzüberquerung, um den Eintritt in eure Welt, wir bitten um die Arbeit und den Zimmerschlüssel. Wir bieten uns euch an, weil die Not uns dies gebietet. Nicht weil ihr uns angefordert und abgeworben habt, nicht weil wir euch zerstören wollen.

Ich höre täglich hin und zu. Seit Jahren. In meiner Wohnung, draußen auf der Straße, in der U-Bahn, im Netz. Ich lese auch Gespräche aus Büchern auf. Alten und neuen Büchern. Ich suche nach Worten und Unworten des Jahres. Ich suche rückblickend. Ich suche vorausblickend. Ich suche auch für alle Fälle nach Worten und Unworten des Unjahres. Ich kenne mich aus, spreche aber nicht. Ich behaupte, leugne, lüge immer stillschweigend.

Von Ausländern, hat mir mein Gastarbeitervater, der von 1967 bis zu seinem Tod im Jahr 2015 in Deutschland gelebt hat, sogleich nach meiner Ankunft in der Bundesrepublik der frühen 1990er Jahre gesagt, erwartet man, gute Gastarbeiter zu sein. Man sei in Deutschland als Ausländer grundsätzlich als Gastarbeiter willkommen. Arbeiten sei der Sinn unseres Gästeseins. Man erwartet, dass wir uns benehmen, dass wir nicht auffallen, dass wir die Arbeit gut verrichten. Dass wir uns nicht beschweren. Wir verdienen – hat er anerkennend gesagt – gutes Geld. Deutsche Mark. Deshalb musst du wissen, in Deutschland gilt für alle Gastarbeiter: Schweigen ist Geld.

Wir aber, wir sind Flüchtlinge. Wir sind nicht Gäste, die, Geschäftstätigen oder Touristen gleich, in ein anderes Land aufbrechen. Wir sind unfreiwillige Migrantinnen. Wir wollen bleiben, wir wollen wohnen, wir wollen leben. Wir sind Schutzflehende.

Die »Gesellschaft des Respekts« beziehungsweise die »Politik des Respekts« verspricht uns Flüchtlingen, uns Verwirrten, dass wir durch eine »vernunftgeleitete Migrationspolitik« geheilt werden, und zwar durch eine demokratische Migrationspolitik, die zum Wohl ihrer Bürgerinnen und damit – selbstredend – gerechterweise zwischen »Mitbürgerinnen und Mitbürgern« und legalen und irregulären Flüchtlingen und Migranten beziehungsweise zwischen regulären und illegalen Menschen unterscheidet.[13] Indem die diesem migrationspolitischen, sich zur Wahrung des sozialen Friedens[14] verpflichteten Verständnis zugrunde liegende »begriffliche Unterscheidung [...] zwischen MigrantInnen und Flüchtlingen« auch in der Philosophie als »hilfreich« angenommen wird,[15] ebenso wie die Frage danach, »welche und wie viele Flüchtlinge wir aufnehmen« sollen, wird meines Erachtens jedoch verkannt, dass den Begriff »Flüchtling« philosophisch zu reflektieren heißt, sich zunächst dieser Trennung zwischen Flüchtlingen und Migranten sowie der daraus folgenden Unterscheidung zwischen illegalen und legalen Migranten entziehen zu müssen, um aufzeigen zu können, dass und warum vor dem Hintergrund dieser Begriffstrennung Flüchtlinge in eine Gefahr für Personen und Gemeinschaften der liberaldemokratischen Rechtsstaaten verwandelt werden können, gegen die wiederum und wider das Verbot der Missachtung ihrer Menschenwürde gewaltlose ebenso selbstverständlich wie gewalttätige Ab- und Zurückweisung sowohl politisch als auch moralisch und rechtlich als geboten erscheinen kann.

Anstelle der genannten Unterscheidungen schlage ich vor, nur zwischen *unfreiwilliger* und *freiwilliger* Migration zu differenzieren und unter unfreiwilliger Migration ausschließlich Flucht vor existenzieller Not im Herkunftsort zu verstehen,[16] jedoch diese nicht lediglich auf politisch begründete Not zu beschränken. Meines Erachtens ergibt sich das Erfordernis dieser Begriffsneubestimmung daraus, dass die Zuschreibung ökonomischer und / oder ökologisch bedingter Fluchtgründe unter anderem nur zu

---

13  Olaf Scholz, *Regierungserklärung vom 15. Dezember 2021*. In: Deutscher Bundestag, Plenarprotokoll 20/8.

14  Vgl. Fabian Wendt, *Gerechtigkeit ist nicht alles*. In: Thomas Grundmann / Achim Stephan (Hrsg.), *Welche und wie viele Flüchtlinge sollen wir aufnehmen? Philosophische Essays*. Stuttgart: Reclam 2016.

15  Thomas Schramme, *Wenn Philosophen aus der Hüfte schießen*. In: *Zeitschrift für Praktische Philosophie*, Nr. 2/2, 2015.

16  Bernd Ladwig, *Offene Grenzen als Gebot der Gerechtigkeit?* In: Cassee / Poppel (Hrsg.), *Migration und Ethik*.

»lebensplan-orientierten«[17] Gründen zu einer Verklärung der Entwürdigung führt, die sich mit der auch durch diese Ursachen bedingten Not der Flüchtlinge verbindet. Denn die existenzielle Not per se, also die Notlage unabhängig von ihrer Art, gilt es zunächst als moralisch relevanten Grund anzuerkennen, der Menschen dazu zwingt, nach dem Schutz ihres Lebens an einem anderen Ort, in einem anderen Land zu suchen. Dabei erscheint es mir als sinnvoll, zur Erfassung der Notlage der Flüchtlinge den Begriff der Vulnerabilität heranzuziehen,[18] weil sich damit die Einschränkung individueller Fähigkeiten, selbstbestimmt zu handeln und zu leben, nicht nur auf deren politisch bedingte Entrechtung und Verfolgung beziehen lässt, sondern auch ökonomisch und ökologisch sowie anderweitig sozial verursachte Notlagen als existenzielle, weil Würde und Leben gefährdende Lagen anzuerkennen erlaubt.[19]

Der Begriff Flucht, verstanden als durch existenzielle Not bedingte und damit unfreiwillige Migration, enthält also per definitionem den Hinweis auf die Wirkung faktisch gegebener Zwänge, die zu fliehen nötigen und bereits im Vorfeld der Fluchtentscheidung zum Gegenstand der eigenen Lagebeurteilung des Flüchtlings gehören, ob ein Verbleib im Ursprungsland seinem Leben zuträglich ist. Spricht man dagegen von der Schaffung von »Anreizen für die Auswanderung« (Chwaszcza) der Flüchtlinge, dadurch dass man neben politischen auch ökonomische und ökologische Gründe als zur Flucht zwingende, also nötigende Gründe anerkennt, beansprucht man

---

17  Christine Chwaszcza, *Demokratie und Immigration. Ein menschenrechtsbasierter Ansatz in drei Thesen.* In: *Zeitschrift für Praktische Philosophie*, Nr. 2/2, 2015; Marie-Luisa Frick, *Wenn das Recht an Verbindlichkeit verliert und die Zonen der Unordnung wachsen, rettet uns keine kosmopolitische Moral.* In: Grundmann / Stephan (Hrsg.), *Welche und wie viele Flüchtlinge sollen wir aufnehmen?*

18  Die Vulnerabilität der Flüchtlinge gehört auch zum Gegenstand sowohl der von der UN-Generalversammlung formulierten New Yorker Erklärung für Flüchtlinge und Migranten aus dem Jahr 2016 als auch des Dialogs über Migration unter dem Dach der Internationalen Organisation für Migration (IOM) von 2017. Trotzdem tritt die Perspektive der Flüchtlinge im Rahmen der migrationspolitischen und migrationsethischen Diskursverschiebung von der Diskussion der Prima-facie-Pflicht zur Aufnahme von Flüchtlingen zur Diskussion der Pflicht zur Hilfe vor Ort bzw. zur Entwicklungshilfe in den Herkunftsstaaten in den Hintergrund. Näheres zur Vulnerabilität im Kontext der Flucht vgl. Gabriele Rasuly-Paleczeck, *Die vielen Facetten der Vulnerabilität im Kontext von Flucht und Asyl.* In: Josef Kohlbacher / Maria Six-Hohenbalken (Hrsg.), *Vulnerabilität in Fluchtkontexten.* Wien: Verlag der Österreichischen Akademie der Wissenschaften 2020.

19  Vgl. Timo Twele, *Von Menschenrechten und Hilfspflichten.* In: Grundmann / Stephan (Hrsg.), *Welche und wie viele Flüchtlinge sollen wir aufnehmen?*

das definitorische Recht, dem Flüchtling zu sagen, welche Lage er als Notlage wahrzunehmen hat, beziehungsweise dass er aufgrund der falschen »Anreize« flüchtet.[20]

Wie problematisch eine derartige Argumentation ist, zeigt die hier nur kursorisch angedeutete Analogie, dass sämtliche Praktiken der Entwürdigung von Menschen verleugnet werden könn(t)en, wenn das Recht auf die definitorische Bestimmung der subjektiven Notlage lediglich den von dieser Not Nichtbetroffenen oder sogar denjenigen zugesprochen wird, deren Handeln die Notlage des Betroffenen (mit)verursacht. Außerdem stellt sich die Frage, warum sowohl der Anspruch auf das Überleben als auch auf das gute Leben, das die Flüchtlinge durch ihre Flucht offensichtlich zu erreichen suchen, moralisch nicht gleichgewichtig sein sollte. Wenn die Not als existenziell bedrohliche Lage definiert ist, weil durch diese die Würde des Flüchtlings lädiert wird, stehen jene, die diese ab- und zurückweisen wollen, in der Begründungspflicht, aufzuzeigen, warum zum Beispiel das Leben in Armut nicht die Würde der von dieser Betroffenen lädiert beziehungsweise warum

---

20  Nachdem ich im Herbst 1993 unter Lebensgefahr die Grenze nahe der in Kroatien gelegenen Stadt Karlovac passiert hatte, durfte ich, zu meiner Überraschung, Kroatien nicht verlassen. Die Einreise nach Deutschland wurde mir dank Dublin-Regelungen verwehrt, obwohl mein Vater zu diesem Zeitpunkt bereits über zwei Jahrzehnte als Gastarbeiter mit unbefristeter Aufenthalts- und Arbeitserlaubnis in Deutschland gelebt und damit auch Rechtsanspruch auf Familienzusammenführung hatte. Erst nach Vorlage einer vom Münchner Kreisverwaltungsreferat ausgestellten Verpflichtungs-erklärung meines Vaters bei der deutschen Botschaft in Zagreb wurde mir erlaubt, nach Deutschland weiter- bzw. einzureisen. Ich durfte also nach Deutschland einreisen, nicht weil ich als Flüchtling betrachtet wurde, sondern als minderjähriger Sohn eines Gastarbeiters mit unbefristeter Aufenthaltsgenehmigung. Die zweite, mir rechtlich bis heute ebenso unverständliche Handhabe betraf die Festlegung meines damaligen Status in Deutschland. Ich galt nämlich anschließend zwei Jahre lang in Deutschland dann doch als Flüchtling, trotz des Rechtsanspruchs meines Vaters auf Familienzusammen-führung und trotz der von ihm unterschriebenen Verpflichtungserklärung, mit der Folge, dass mir eine Duldung, also jener für Flüchtlinge vorgesehene Aufenthaltstitel erteilt wurde. Bekanntlich zieht der Duldungsstatus enorme aufenthalts- und arbeits-rechtliche Einschränkungen nach sich, u.a. die jederzeit mögliche Abschiebung, die etliche Ausbildungsbetriebe, die mir eine Ausbildung damals gern ermöglicht hätten, wegen der befristeten und ungewissen Aufenthaltsdauer hiervon jedoch auf Abstand brachten. Mit den biografischen Schilderungen möchte ich nicht über meine damalige Erfahrung klagen, sondern vielmehr darauf hinweisen, dass bei der normativ folgewirk-samen Unterscheidung zwischen Flüchtlingen und freiwilligen Migranten die genuine Perspektive des Flüchtlings auch seitens der Verwaltung, die immerhin jene konkrete Einzelfallprüfung vornimmt, tatsächlich oft nicht angemessen berücksichtigt wird.

der Anspruch auf die Überwindung des Lebens in Armut durch Flucht moralisch weniger wiegt.[21]

Der von Chwaszcza verwendete Begriff der Lebensplanorientierung eignet sich zwar durchaus als Kriterium für die Bestimmung der freiwilligen Migration, jedoch nicht dafür, zwischen vermeintlich freiwilligen und unfreiwilligen Fluchtgründen in Bezug auf die existenzielle Not zu unterscheiden. Wenn ich als deutscher Staatsbürger beschließe, in die Schweiz auszuwandern, dann lässt sich meine Auswanderung aus Deutschland nicht als Flucht bezeichnen, weil ich keine überzeugenden Gründe für eine vorliegende existenzielle Not anführen kann. Ich kann weder von politisch motivierter Verfolgung sprechen, weil diese faktisch (noch) nicht vorliegt, noch eine ökonomisch bedingte existenzielle Notlage anführen, weil unter anderem das bundesrepublikanische Sozialsystem garantiert, dass meine Würde durch Leben in Armut nicht angetastet wird. Der Grund, den ich für meine Auswanderung in die Schweiz gerechtfertigterweise anführen kann, ist mein Interesse an beruflicher Weiterentwicklung als Bestandteil meines (beruflichen) Lebensplans.

Wie gerade aus diesem letzten Gedankengang ersichtlich, erfordert die Engführung der Begriffe Flüchtling und unfreiwillige Migration notwendig, die Begründungslast umzukehren und damit sichtbar zu machen, dass auch die Begriffe *regulär/legal* und *irregulär/illegal*, wie sie im Zusammenhang mit der Migration gewöhnlich gebraucht werden, in Bezug auf die phänomenale Erfassung und normative Definition des Begriffs »Flüchtling« unzureichend sind. Nicht der Flüchtling muss nachweisen, dass er auf der Flucht ist, weil er diesen Nachweis, wie bereits erwähnt, durch seine Flucht erbringt, sondern jene, die ihn an der Flucht durch Verweigerung der Einreise und Niederlassung hindern wollen, müssen begründen, warum die Not des Flüchtlings als illegal beziehungsweise irregulär zu gelten hat beziehungsweise warum ihre Definition von legal beziehungsweise regulär und illegal beziehungsweise irregulär moralisch höher zu gewichten ist als der Würde- und Lebensschutz der Flüchtlinge. Es müsste, um es noch konkreter zu formulieren, begründet werden, worin der existenzielle Unterschied im Grad der Not von Menschen liegt, die politisch verfolgt sind, und Menschen, die gemeinhin als »Armutsflüchtlinge«, »Wirtschaftsflüchtlinge« und »Klimaflüchtlinge« bezeichnet werden, beziehungsweise warum die hier genannten Flüchtlinge – sogenannten Steuerflüchtlingen gleich – als freiwillige Migranten zu gelten haben,

---

21  Vgl. Matthias Hoesch, *Allgemeine Hilfspflicht, territoriale Gerechtigkeit und Wiedergutmachung: Drei Kriterien für eine faire Verteilung von Flüchtlingen – und wann sie irrelevant werden.* In: Grundmann / Stephan (Hrsg.), *Welche und wie viele Flüchtlinge sollen wir aufnehmen?*

obwohl sie sich in »existenzbedrohenden Notlagen« befinden.[22] Mithin müsste also moralisch nachvollziehbar begründet werden, warum »unsere politisch-moralische Praxis« trotz erwähnter Vorbehalte konsistent ist, wenn »es um den Umgang mit Bedürftigen geht«.[23]

Das Boot sei voll. Unser Boot kentert. »Komm, sag schnell!«, hat man zu mir im Hafen La Restinga gesagt. Undichte Grenzen widersprächen doch ihrer Seinsbestimmung. »Ich glaube nicht an das schnell Gesagte«, habe ich gesagt. »Ich bin ungern lexikalisch. Ich verliere den Faden, wenn ich spreche, wie gesprochen werden soll.« Wir sind gelandet und gestrandet, nicht angekommen. Ich sehe die Ordnung ein und nehme die Balkanroute. Die Balkanroute kann mir gestohlen bleiben. Die kroatischen und serbischen Grenzer und ihre freiwilligen Bürgerwehren auch. Bloß nicht nach Polen, auch nach Ungarn nicht. Wie gesagt, ich sehe die Ordnung ein. Ich flüchte weiter und legal – auch aus Bratislava versteht sich, wo Flüchtlinge per definitionem Fremde und Fremde per definitionem Feinde sind und bleiben müssen und wo ich einen riesigen schwarzen Bus bestiegen habe. Und in Wien habe ich einige Stunden später einen langen, noch schwärzeren Hofburgschatten über meinem Scheitel gesehen. Ich bin dann auch aus Österreich geflohen. Legal versteht sich. Das ist recht so gewesen. Man hat zu mir gesagt: »Leider. Aber unser Landeshauptmann Haider, Gott hab' ihn selig, wir stehen in seiner

---

22 Stephan Schlothfeldt, *Dürfen Notleidende an den Grenzen wohlhabender Länder abgewiesen werden?* In: Cassee / Goppel (Hrsg.), *Migration und Ethik.*

23 Einerseits stimmen auch jene Autorinnen und Autoren, die gegen das Recht der Flüchtlinge auf unbeschränkte Einwanderung argumentieren, zu, dass das Verursacherprinzip bei der Betrachtung der »existenzbedrohenden Notlage« der Flüchtlinge in Bezug auf die Begründung moralischer Pflichten ihnen gegenüber zu berücksichtigen ist. Andererseits bewerten sie die Einreise der Flüchtlinge in Ankunftsstaaten als illegitim und illegal, weil diese dadurch die politische Selbstbestimmung und kulturelle Einheit, die sozialen Standards, das ökonomische Wachstum, den sozialen Frieden, kurzum das Eigentum der Bürger liberaldemokratischer Staaten missachten bzw. gefährden würden. Meines Erachtens ist diese Argumentation inkohärent, weil trotz des Eingeständnisses (a) der Verantwortung gegenüber den Flüchtlingen und (b) des damit verbundenen und gerechtfertigten Vorliegens einer »existenzbedrohenden Notlage« derselben zugleich behauptet wird, dass die faktisch gerechtfertigte Not der Flüchtlinge moralisch weniger wiegt als die durch die Flüchtlinge potenziell und prospektiv, also möglicherweise künftig noch zu erwartende, »existenzielle Notlage« der Bürger in ihren Zielländern. »Wir neigen«, so Bernward Gesang treffend, »dazu, uns selbst zu schützen und daher vorschnell den Notstand auszurufen.« Bernward Gesang, *Sind Obergrenzen für Asylbewerber moralisch zu rechtfertigen und wo liegen sie? Auf dem Weg zum integrierten Asylbewerber.* In: Grundmann / Stephan (Hrsg.), *Welche und wie viele Flüchtlinge sollen wir aufnehmen?*

Pflicht!« »Ich will etwas sagen«, habe ich gesagt. »Gerechte Welt. Welt der
Würde und Freiheit und Verantwortung. Menschheitspflicht. Menschlicher
Notfall.« Aber dann ... dann ... dann ... Später. In Calais habe ich mir, legal
versteht sich, das Bein gebrochen. Hab's aber keinem verraten. Unerhörtes
existiert besser nicht, habe ich mir gedacht. Ich habe aber den General begrüßt.
Freundlich. »Ich will etwas sagen«, habe ich gesagt. Aber dann ... dann ...
dann habe ich kein Wort gefunden. Der General ist auch still gewesen. Mein
Kopf hat mir wehgetan. Hat so stark geblutet, dass der General wegschauen
musste. Seitdem verschwinden meine Gedanken. Auch an Deutschland, wo
die Busse mit Flüchtlingen gestürmt, wo die Lager für unsereinen in Brand
gesetzt und in »AnkER-Zentren« (Zentren für Ankunft, Entscheidung und
Rückführung) umbenannt werden. Wo ich und meinesgleichen uns am besten selbst ausschaffen sollen. Immer wieder bleibe ich wortlos, gedankenlos,
sinnlos. Immer wieder muss ich an den General denken.

Es gibt noch einen weiteren Grund, einen demokratietheoretischen, der in
liberaldemokratischen Rechtsstaaten im Umgang mit Flüchtlingen von Belang ist. Die Ab- und Zurückweisung von Flüchtlingen wird, wie bereits oben
erwähnt, unter Bezugnahme auf das Selbstbestimmungsrecht des Demos
begründet. Der demokratisch gewählte Souverän hat demnach das Recht,
im Interesse seines Demos die Flüchtlinge trotz ihrer existenziellen Notlage
von ihrer Einreise abzuhalten. Dabei wird das Handeln des Souveräns, das
dem Gemeinwohl dienen soll, indem es die Flüchtlinge ab- und zurückweist,
als legitim betrachtet, weil die Bedürfnisse beziehungsweise Interessen aller
vom Handeln des Souveräns im Land betroffenen Bürgerinnen und sich in
diesem länger aufhaltenden Ausländer nicht nur auf der Politics-, sondern
auch auf der Polity- und Policy-Ebene, das heißt sowohl im Rahmen des
demokratischen Partizipationsprozesses (formal) als auch in Bezug auf die
verfassungsrechtliche inhaltliche Festlegung des gesetzgeberischen Handelns
vom Souverän (materiell) berücksichtigt sind.[24]

Was hierbei jedoch zu beachten ist, ist die dem demokratischen Legitimitäts-
verständnis implizit innewohnende Selbstverpflichtung sowohl zur Wahrung
der Autonomie der vom Handeln des Souveräns betroffenen Inländerinnen,

---

24  Auch wenn diese Annahme theoretisch schlüssig begründet scheint, sei darauf hinge-
    wiesen, dass sie sich in der Praxis als defizitär erweist, weil die Bedürfnisse und Interessen
    von nicht- oder schlechtorganisierten Bürgern und im Inland lebenden Ausländern
    unterrepräsentiert sind und infolgedessen im gesetzgeberischen Prozess unbeachtet
    bleiben oder nur zum Teil berücksichtigt werden.

# „Ein Vergnügen und eine Zumutung, eine Inspiration und eine Provokation."
## – FAS

# Der *MERKUR* im Abonnement

# Ja, ich will den *MERKUR* abonnieren!

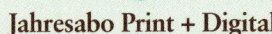

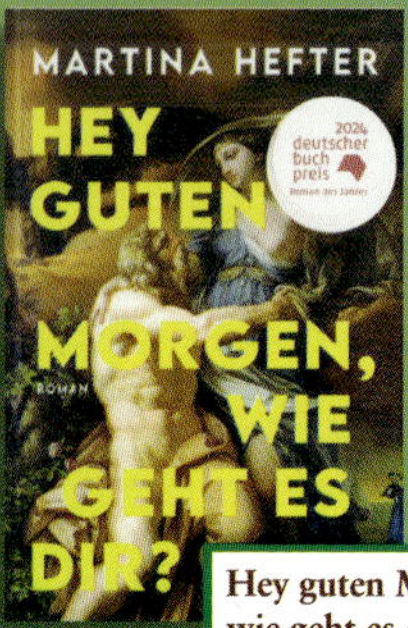

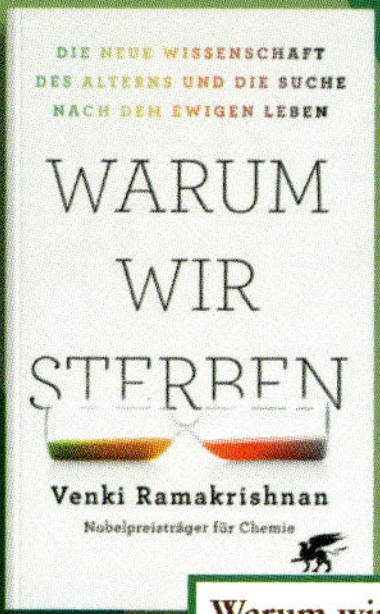

# *Wählen Sie Ihre Buchprämie*

MARTINA HEFTER
HEY GUTEN MORGEN, WIE GEHT ES DIR?
2024 deutscher buchpreis
ROMAN

**Hey guten Morgen, wie geht es dir?**
Martina Hefter

DIE NEUE WISSENSCHAFT DES ALTERNS UND DIE SUCHE NACH DEM EWIGEN LEBEN
WARUM WIR STERBEN
Venki Ramakrishnan
Nobelpreisträger für Chemie

**Warum wir sterben**
Venki Ramakirshnan

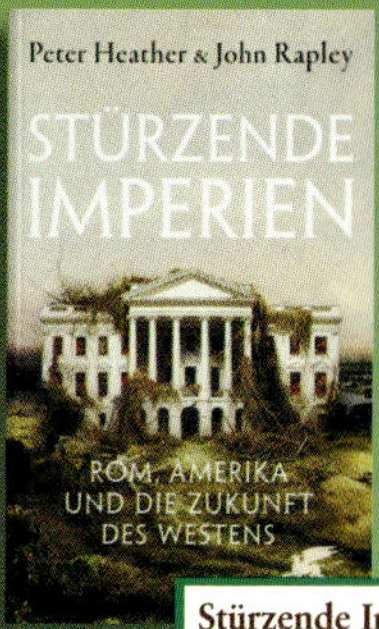

Peter Heather & John Rapley
STÜRZENDE IMPERIEN
ROM, AMERIKA UND DIE ZUKUNFT DES WESTENS

**Stürzende Imperien**
Peter Heather,
John Rapley

25EIN

Entgelt zahlt Empfänger

## Absender

Vorname, Name

Straße und Hausnummer

PLZ und Ort

Telefon (optional für Rückrufe)

E-Mail

Deutsche Post
**ANTWORT**

Leserservice
Verlag Klett-Cotta
Postfach 13 63
82034 Deisenhofen

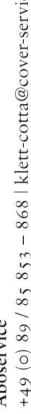

Aboservice
+49 (0) 89 / 85 853 – 868 | klett-cotta@cover-services.de

die aus dem Gebot der Achtung der Menschenwürde, wie sie im Artikel 1 Grundgesetz festgelegt ist, abgeleitet wird, als auch zur Erweiterung des Betroffenenkreises. Denn »wer für das Inland eine genuin demokratische Theorie politischer Legitimation akzeptiert«, lege sich, so Abizadeh zutreffend, dadurch zugleich auf eine Zurückweisung des hoheitlichen Rechts, die staatlichen Grenzen zu kontrollieren und zu schließen, und zugleich darauf fest, dass der »Zwang«, der »durch staatliche Grenzhoheit in die Unabhängigkeit aller eingreift, die ihr unterworfen sind«, jene liberaldemokratischen Rechtsstaaten, die »Ausländern Einreisebeschränkungen auferlegen«, dazu verpflichtet, »diesen Personen ein demokratisches Mitspracherecht« einzuräumen.[25] Weil, wie faktisch vielfach belegt, die geltenden asylrechtlichen Bestimmungen die Würde der Flüchtlinge, das heißt deren Leben und Freiheit lädieren beziehungsweise auch potentiell mit einer Schädigung einhergehen können, müssen, so Sarah Fine, die vom demokratisch gewählten Gesetzgeber beschlossenen Normen – sofern der Grundsatz der Gleichwertigkeit der Menschen normativ gelten soll – von den Flüchtlingen, von denen erwartet wird, dass sie sich ihnen unterwerfen, bejaht werden können.

Da sich vor diesem Hintergrund die Praxis der Ab- und Zurückweisung von Flüchtlingen in Verbindung mit dem liberaldemokratischen Rechts- und Staatsverständnis als problematisch erweist, ist es im Umkehrschluss nur folgerichtig, dass die Forderung nach der Ab- und Zurückweisung von Flüchtlingen im äußersten Fall auch mit einer grundsätzlichen Ablehnung eines liberaldemokratischen Rechtsstaatsverständnisses einhergeht,[26] und zwar auf der Grundlage einer mit dem geltenden Völkerrecht unvereinbaren Staatsvolkbestimmung[27] und einer liberaldemokratische Freiheitsimplikationen negierenden sowie zudem migrationspolitisch bewusst exklusiv konstruierten, vorpolitischen Gemeinschaftsauffassung der Bevölkerungsmehrheit, deren ethnische respektive kulturell-religiöse Identitätsgrundlage in existenzielle Verbindung mit der Gesellschaft und mit der Nation beziehungsweise dem Nationalstaat gebracht wird. Folgt man tatsächlich einer derartigen politischen Gemeinschaftsvorstellung und der mit ihr verbundenen Gleichsetzung der Gesellschaft mit der Gemeinschaft, der zufolge der »Nationalstaat als Schutzschild für die kulturellen Gemeinschaften« agiert, bedeutet dies jedoch,

25 Arash Abizadeh, *Demokratietheoretische Argumente gegen die staatliche Grenzhoheit*. In: Dietrich (Hrsg.), *Ethik der Migration*.

26 Vgl. Viktor Orbáns Rede nach seiner Vereidigung zum Ministerpräsidenten am 10. Mai 2018 (https://munchen.mfa.gov.hu/assets/93/39/67/f418faa298d2dbf8333dc394fa0be45addfc4edd.pdf).

27 Vgl. Silja Vöneky, *Zu normativen Fragen von Rechten und Grenzen aus völkerrechtlicher und rechtsethischer Sicht*. In: *Philosophisches Jahrbuch*, Nr. 127/1, 2020.

wie Martino Mona aufzeigt, dass der liberaldemokratische Rechtsstaat »mit einer einzigen kulturellen Gemeinschaft« gleichzusetzen ist, woraus letztlich auch die Negation der pluralistischen Grundordnung einschließlich der Relativierung der Grundrechte resultieren müsste.

Ich habe von Pessoa geträumt. Er wollte mit mir sprechen. »Glaubst du an die Heilige Barbara?«, hat er mich gefragt. Ich habe sogar im Traum kein Wort, keinen Gedanken mehr gefunden. Ich multipliziere seit diesem Traum meine Wimpernschläge mit den Tagen. Ich subtrahiere dann vom Produkt die Nächte. Wozu also Gott? Wozu Mensch? Wozu Moral? Ich lausche noch einmal den an mir vorbeigerauschten Wellen, Landschaften und Orten. Habe ich etwas überhört? Oder es nicht gehört? Sage ich nichts, schweigen die Anderen. Nichts. Auch nichts zu machen. Nothing to be done. Ich erneuere meine Erinnerung, leere alle Briefkästen, rufe mich täglich an. Einmal morgens, einmal abends. Spreche aber nicht auf den Anrufbeantworter. Für den Fall der Fälle. Ich wache jeden Morgen auf, bereit zum Aufbruch. Wohin, weiß ich nicht. Ich falle jeden Abend hin. Ich bilde meinen Intellekt. Aufsatz um Aufsatz. Argument um Argument. Buch um Buch. Und ich scheitere an mir, dem Flüchtling. Ich erneuere wieder meine Erinnerung. Der Schnee geht in Regen über. Das Leid ist nun unsichtbar. Aber noch da. Aus rotem Blut ist blaue Tinte geworden.

Ich denke daran, wie ich die Anapher meines, unseres Lebens benennen könnte. Irgendwann werde ich es wissen. Alles noch einmal erzählen und noch einmal und noch einmal. Irgendwann. Ich beschließe, ein Zeichen zu setzen: mich von meiner Gazelle zu trennen. Meinem holländischen Fahrrad. Ich setze noch ein Zeichen, beschließe, Italien mit einem grünen Stift zu annektieren. Eine ästhetische Revanche, keine Revolution. Keine Angst. Ich setze ein weiteres Zeichen, beschließe, »Freude, schöner Götterfunken« zu singen.

Ich erinnere mich. Der freundliche französische General hatte damals beim Schlagen ein hervorragend ausgeprägtes Tempusgefühl. Aua! Italien. Aua! Kroatien. Aua! Österreich. Aua! Ungarn. Aua! Schweden. Aua! Polen. Aua! Slowakei. Aua! Slowenien. Aua! Griechenland. Aua! Holland. Aua! Deutschland. Aua! Spanien. Ach, Europa. Ich beschließe, umzukehren. Ich verabschiede mich. Festlich freilich. Ich flüchte. Legal, versteht sich. Ich verlange an der Grenze eine ordentliche Kontrolle. Ich verlange eine Ganzkörperdurchsuchung. Ich verlange eine ordentlich und sichtbar angebrachte Markierung meiner falschen Person. Ich verlange einen Stempel in meinen richtigen Pass. Ich verlange mein Einreiseverbot. »Sie müssen sich anstellen«, sagt der Grenzbeamte zu mir. »Sie sind doch nicht der Einzige! Wir bitten darum, Ordnung einzuhalten!«

Es ist selbstverständlich moralisch geboten, mithin notwendig, bei der Reflexion der moralischen Verpflichtungen hinsichtlich des Umgangs mit den Flüchtlingen die Bedürfnisse und Interessen der Bürgerinnen aufnehmender Gesellschaften zu berücksichtigen. Dass jedoch wider die gegenwärtige migrationspolitische Agenda aller liberaldemokratischen Staaten, die insbesondere im langjährigen Auf- und Ausbau von sogenannten Grenzregimen zur Ab- und Zurückweisung von Flüchtlingen ihren Ausdruck findet, und darüber hinaus ohne die Berücksichtigung des »Prinzip[s] der gleichen Interessenabwägung« (Peter Singer) behauptet wird, die Interessen der Staatsbürgerinnen von Einwanderungsgesellschaften würden von Befürworterinnen offener Grenzen missachtet,[28] verdeutlicht meines Erachtens, welche Folgen die begriffliche Vereinseitigung der Flucht auf politische Verfolgung und Vertreibung im Zusammenhang mit einer dem Phänomen der Flucht nicht angemessenen, weil unzureichend differenzierten Unterscheidung zwischen freiwilliger und unfreiwilliger Migration auch in gerechtigkeitstheoretischer Hinsicht zeigt.

Einerseits werden in liberaldemokratischen Rechtsstaaten individuelle und kollektive Verpflichtungen gegenüber inländischen Bedürftigen unter Bezugnahme auf die präskriptive Bedürfnisunterscheidung gerechtigkeitstheoretisch begründet (durch John Rawls' Differenzprinzip), andererseits aber wird die existenzielle Notlage der Flüchtlinge durch die Kategorisierung ökonomischer und ökologischer Fluchtgründe zu freiwilligen Migrationsgründen negiert, so dass eine Abwägung tatsächlich gleicher Interessen als nicht notwendig oder lediglich als utilitaristisch erachtet beziehungsweise die Forderung, das grundlegende Interesse der Flüchtlinge am Überleben sowie am menschenwürdigen Leben zu beachten, aus definitorischen Gründen des Flüchtlingsstatus als ungerechtfertigt erachtet und – damit im Widerspruch

---

28 Vgl. beispielhaft Carsten Köllmann, *Migration in die Illegalität*. In: Cassee / Goppel (Hrsg.), *Migration und Ethik*; Volker Gerhardt, *Zur natürlichen und politischen Funktion der Grenze*. In: *Philosophisches Jahrbuch*, Nr. 127/1, 2020. Einer Philosophie des Flüchtlings gebührt es auch, die Widersprüchlichkeit eines vernunftgeleiteten Denkens über Migration freizulegen, welchem zufolge die Ab- bzw. Zurückweisung von Flüchtlingen an den Grenzen liberaldemokratischer Rechtsstaaten sowohl dem Wohl der Flüchtlinge als auch dem des Volks der Einwanderungsstaaten dient, zu dem sich die Vertreter dieser Migrationspolitik bzw. dieses Migrationsdenkens in vielen Fällen selbst nicht zugehörig fühlen, weil deren Abgrenzung vom Volk, dessen Interessen durch die als notwendig suggerierte Entwürdigung der Flüchtlinge angeblich vertreten werden müssen, zum täglichen Selbstverständnis derselben als Angehörige privilegierter Schichten bzw. Milieus gehört. Vgl. Lisa Herzog, *Grenzen und Pseudogrenzen – und wie man versuchen kann, sie zu unterscheiden*. In: *Philosophisches Jahrbuch*, Nr. 127/1, 2020.

zur Begründung moralischer Pflicht gegenüber den inländischen Bedürftigen – aus Gründen der Unfairness gegenüber den Bürgerinnen der Einwanderungsgesellschaften zurückgewiesen wird.

Da zudem auch die Instrumentalisierung der faktisch vorliegenden ökonomischen Fluchtgründe für die Fach- und Arbeitskräfteanwerbung durch
die Regierungen liberaldemokratischer Rechtsstaaten[29] als legitim betrachtet
wird,[30] lässt sich vor dem Hintergrund einer solcherart vollzogenen, begrifflichen und damit normativen Umwandlung der Flüchtlinge zu freiwilligen
Migranten meines Erachtens berechtigt schlussfolgern, dass die »Rechtfertigung dieser Politik nicht viel mehr als die faktische Verteidigung von Pri-
vilegien und Reichtümern gegen die mobilisierte Armut der dritten Welt«
(Martino Mona) ist.[31]

Wenn die »Freiheit, frei zu sein« (Hannah Arendt) trotz des normativen
Spannungsverhältnisses zwischen Menschen- und Bürgerrechten zur Berücksichtigung der Bedürfnisse von Flüchtlingen, von Menschen, die existenziellen
Notlagen durch ihre Flucht entkommen wollen, verpflichtet,[32] bietet sich an,
wie Udo Lehmann vorschlägt, durchaus John Rawls' Gedankenexperiment
in abgewandelter Form heranzuziehen, um sich auf international geltende
Standards zur Bestimmung der existenziellen Notlage und infolgedessen zum
Umgang mit den Betroffenen zumindest aus der liberaldemokratischen Perspektive zu einigen: »Für welche Migrationspolitik würdest du dich entscheiden, wenn du nicht wüsstest, ob du in der lokalen Gesellschaft Migrantin
oder Migrant bist oder nicht.«[33]

---

29  Auch dort, wo normative Implikationen des Braindrain diskutiert werden, bleibt die
    Frage nach der Legitimität einer begrifflichen Gleichsetzung der aus Gründen der öko-
    nomischen Not Flüchtenden mit freiwilligen Migranten unberührt. Vgl. Gillian Brock,
    *Brain-Drain – Welche Verantwortung tragen Emigranten?* In: Dietrich (Hrsg.), *Ethik der
    Migration.*

30  Wobei die Regierungen liberaldemokratischer Staaten entsprechende Anwerbe-
    abkommen nicht selten mit jenen die ökonomische Not der Flüchtlinge verursachenden
    Regierungen schließen, ohne dass dies im migrationsethischen Diskurs Beachtung
    findet.

31  Vgl. auch Donatella Di Cesare, *Philosophie der Migration.* Berlin: Matthes & Seitz 2021.

32  Vgl. Regina Kreide, *Kommentar zum Initiativaufsatz »Zur normativen Ontologie von
    Grenzen« von Julian Nida-Rümelin.* In: *Philosophisches Jahrbuch,* Nr. 127/1, 2020.

33  Udo Lehmann, *Kollektive »Quasi-Identität« und die Bedingung ihrer Möglichkeit.
    Julian Nida-Rümelins Konzept einer normativen Ontologie von Grenzen.* In: *Philosophi-
    sches Jahrbuch,* Nr. 127/1, 2020; vgl. auch Andreas Cassee, *Globale Bewegungsfreiheit. Ein
    philosophisches Plädoyer für offene Grenzen.* Berlin: Suhrkamp 2016.

Wir sind alle Supermänner, habe ich damals als Kind in der Schule gedacht. Supermänner. Damals in der Schule. Heute weiß ich, altes, morsches Holz treibt im Fluss am leisesten. Hinter ihm dann wir Flüchtlinge. Obwohl erschöpft und, wie gesagt, nicht so leise. Wir werden unser Ziel nicht erreichen. Auch wenn nur wenige zufällig jenseits der Grenze landen. Ich weiß es. Wieder muss ich Rede und Antwort stehen: »Ja. Ja. Nein. Ja. Hm. Vielleicht. Ja. Ja. Ich weiß es nicht. Aua!« Schüsse begleiten den stillen Fall von faustgroßen Schneeflocken. Ich öffne die Hand. Greife nach den soeben noch weißen Schneeflocken. Meine Hand ist rot. Blutüberströmt. Jemand hat mir eine Nachricht geschrieben. »In Europa Schießbefehle an Grenzen.« Ich kann … Ich will etwas sagen: aber dann … dann … dann … Ich kann nicht sprechen. Meine Zunge ist erkaltet. Ich scheitere an mir, dem Flüchtling.

Wir sind alle Supermänner, habe ich damals als Kind in der Schule gedacht. Supermänner. Damals in der Schule. Und heute? Heute baue auch ich an Zäunen mit. Wie gesagt, ich höre gut zu. An Zäunen der Gerechtigkeit. Und ich danke! Ich danke für die Genfer Flüchtlingskonvention, die Allgemeine Erklärung der Menschenrechte, für die Charta der Grundrechte der Europäischen Union, für das Grundgesetz, dafür, dass die Würde des Menschen regulär unantastbar ist. Aber ich denke auch daran, dass ich, anstatt zu gehen oder Zäune der Gerechtigkeit zu bauen und zu verteidigen, das Bedenkenswerte noch nicht bedacht habe, dass auch ich, einst Schutzflehender, nunmehr seit Jahren deutscher Staatsbürger, Anspruch darauf habe, dass die von meiner Regierung vertretene »Politik des Respekts« Interessen auch ihres Bürgers mit Flüchtlingshintergrund vertreten sollte, dass eine demokratische »Politik des Respekts« und eine demokratische Grenzpolitik nicht diesseits der Grenze und jenseits der gleichwertigen Achtung der Würde von Flüchtlingen einseitig verhängt, sondern mit allen ausgehandelt werden muss. Dann denke ich wieder atonal. Ich denke an die Lieferwagen, die im Auftrag der britischen Regierung durch London mit Warnplakaten fuhren, um Flüchtlinge zur freiwilligen, also legalen Flucht zurück in ihre Herkunftsländer zu motivieren.[34] Ich denke und erinnere mich an die Reste meiner verbotenen Identität. Ich denke und scheitere an mir, dem Flüchtling.

Flüchtlinge sind Menschen. Sie sind moralische Subjekte. Sie sind Personen. Ihre Achtung entspricht der Achtung der Menschen als Selbstzweck setzende Wesen. Wenn man von einer Gemeinschaftspflicht *sui generis* ausgeht, die in der kollektiv unternommenen Verhinderung des bösen Handelns unter Menschen bestehen soll, bedeutet dies, bei der Betrachtung der Flucht

---

34 Diese Plakate enthielten die Aufforderung: »Sind Sie illegal im Land? Dann gehen Sie nach Hause oder rechnen Sie mit Ihrer Festnahme«.

die moralische Urteilskraft um die Perspektive der Flüchtlinge zu erweitern. Diese Erweiterung stellt jedoch nicht bloß eine Möglichkeit dar, sondern sie entspricht der moralisch begründeten Notwendigkeit, weil auch Flüchtlinge an der Realisierung des »ethischen Gemeinwesens« (Immanuel Kant) mitwirken und damit an Räumen der Freiheit teilhaben können sollen.

Eine Philosophie des Flüchtlings ist damit nolens volens zugleich eine Philosophie des Widerstands, weil sie an den »normativ-ontologischen Vorrang«[35] der individuellen Rechte und somit daran erinnert, dass Menschenrechte nicht aus den Bürgerrechten, sondern Bürgerrechte aus Menschenrechten hervorgehen,[36] und weil sie die inzwischen zur national- und internationalrechtlich verbindlichen Gewohnheit gewordene, weil sozial erwartete Fremd- und Selbstentrechtung und die mit dieser einhergehende existenzielle Nichtung der Flüchtlinge, deren »Essenz«, wie Di Cesare in Anlehnung an die berühmte Wendung von Jean-Paul Sartre anmerkt, ihrer »Existenz« vorangestellt wird, als unvereinbar mit dem Verbot zeigt, Menschen und ihre Würde zu misshandeln.

35  Elif Özmen, *Keine Rechte ohne Grenzen? Einige politikphilosophische Überlegungen zu den Semantiken, Funktionen und Wirkungen von Grenzen.* In: *Philosophisches Jahrbuch,* Nr. 127/1, 2020.
36  Vgl. Jürgen Habermas, *Ein neuer Strukturwandel der Öffentlichkeit und die deliberative Politik.* Berlin: Suhrkamp 2022.

*Timon Beyes*
## Soziale Farbe (I)

*Mocha Mousse, die Unordnung der Farbe und die Ordnung des Sozialen*

*I*

2025 steht im Zeichen eines cremigen Brauns. Die Farbe des Jahres, gekürt vom Pantone Color Institute Ende 2024, heißt »Mocha Mousse« beziehungsweise als Farbkarte 17-1230 TCX (für Textilien), 17-1230 TPG (für Pigmente und Beschichtungen) und 17-1230 PMS (für das Grafikdesign). 17-1230 ist eine von etwas mehr als 2000 vom Unternehmen Pantone vermarkteten Sonderfarben. Wie die Kaffee- und Schaumreferenz nahelegt, handelt es sich um ein warmes Braun, je nach Oberfläche, Lichteinfall, Umgebungsfarben und wahrnehmendem Augenpaar mit mehr oder minder ausgeprägt rötlichem Unterton oder an ein dunkles Beige gemahnend. Die Welt des globalen Konsums ist im laufenden Jahr damit bräunlich grundiert. Denn es ist davon auszugehen, dass Hunderttausende von Unternehmen – oder gemäß Eigendarstellung Pantones mehr als 10 Millionen Designerinnen und Produzenten – Mocha Mousse (sowie die mit diesem Ton vorgeschlagenen Farbharmonien zwischen beige, rosa und dunkelbraun) einen großen Stellenwert im Design unzähliger Konsumgüter einräumen werden.

Sicherlich ist die Kür der Farbe des Jahres eine öffentlichkeitswirksame Marketing-Aktion, die dem Unternehmen Pantone weithin und jährlich wiederkehrend zu Sichtbarkeit verhilft. Wie auf Kommando reagierten nicht nur Mode- und Stilkanäle, sondern auch etablierte Presseorgane auf die Verkündung (gerade online lassen sich die kaffeefarbenen Mode-, Einrichtungs- und Naturaufnahmen zu einem visuell eindrücklichen Traum in braun arrangieren).[1] Zudem wird über Lizenzvereinbarungen mit ausgewählten Konsumgüterproduzenten dafür gesorgt, dass das cremige Braun an unterschiedlichen Ecken und Enden aufscheint, etwa in Form von Kosmetikartikeln, Klebezetteln, Kaschmirpullovern, Sesseln, Smartphones, Teesorten und Tapeten.

»Braun wie der Zeitgeist«, titelte die *FAZ* mit Blick auf Mocha Mousse sarkastisch und vermisste beim globalen Hegemon der Farbindustrie angesichts

---

1  Vgl. *Mocha Mousse: immerse yourself in Pantone's colour of the year.* In: *Guardian* vom 5. Dezember 2024 (theguardian.com/artanddesign/2024/dec/05/mocha-mousse-immerse-yourself-in-pantones-colour-of-the-year).

der aktuellen Entwicklungen ein Bewusstsein politischer Farbenlehre.[2] Aber warum sollten nationaldeutsche Befindlichkeiten für die in New Jersey ansässigen Farbvorhersager eine Rolle spielen? Es geht um ein globales Geschäft mit Farbe und darum, was diese vermeintlich ausrichten kann. Pantones Kerngeschäft ist die Ordnung der Farbe durch die Objektivierung, Standardisierung, Indizierung sowie Privatisierung von Farbtönen. Diese werden in Form von Farbkarten und Farbfächerpaletten oder per digitalem Lizenzmodell für Designerinnen und Hersteller in unterschiedlichsten Branchen veräußert.[3] Dafür präsentieren Pantone und sein Forschungsinstitut Farbtöne als universell wirksame Kräfte in Form von kollektiven Befindlichkeiten, Stimmungen und ihrer Modulierung. Auf diese Weise inszeniert sich das Farbinstitut des Unternehmens als Trendsetter der kulturprägenden Kraft des Chromatischen.

Das ist durchaus unheimlich. So lässt sich Pantones Einfluss nicht auf die Marktführerschaft in der Farbindustrie – und ihren Bereichen der Herstellung oder Programmierung von Farbmitteln und -tafeln sowie dem *colour sampling*, *colour forecasting* und *colour consulting* – reduzieren. In den Worten des Anthropologen Michael Taussig ist Farbe nicht nur Ware, sondern »die Ware der Ware« (»the commodity's commodity«), die den Verkaufsobjekten einen ästhetischen Mehrwert verleiht, auf dem die moderne Konsumgesellschaft fußt.[4] Wie ein Ungetüm beherrsche das Unternehmen den Globus, so Bruce Falconer in einer Recherche für das *New York Times Magazine*, und übe enormen Einfluss auf das visuelle Erscheinungsbild der Weltwirtschaft aus. Pantone-Farbbücher bildeten die Lingua franca der sichtbaren Farbwelt. Und für den Erfolg dieser atmosphärischen Verkehrssprache der Globalökonomie werden die ästhetischen (Vor)Urteile des Unternehmens, plausibel gemacht durch Trendforschung, zu sich selbst erfüllenden und sich selbst erhaltenden Farbprophezeiungen für die Welt des Geschmacks und des Konsums.[5] Mit Pantone stellt sich die Frage nach sozialen Farbwirkungen, nach Handlungskraft und Macht der Farbe.

---

2  Franka Klaproth, *Braun wie der Zeitgeist*. In: *FAZ* vom 14. Dezember 2024 (www.faz.net/aktuell/feuilleton/mocha-mousse-die-farbe-des-jahres-2025-braun-wie-der-zeitgeist-110171542.html).

3  Nutzerinnnen von Bildbearbeitungssoftware dürfte die Privatisierung von Farbtönen und die Marktmacht Pantones auffallen, seit sie für die Verwendung von Pantone-Sonderfarben etwa bei Adobe-Software wie Photoshop extra zahlen müssen.

4  Michael Taussig, *What Colour Is the Sacred?* University of Chicago Press 2009.

5  Bruce Falconer, *What Is the Perfect Color Worth?* In: *New York Times Magazine* vom 28. Februar 2018.

*II*

Mit Blick auf Mocha Mousse liest man nun, dass dieser sanfte Braunton und seine tröstliche Wärme nicht nur das Verlangen nach Komfort und Harmonie bediene (als verkaufsfördernde Annahme gegenwärtig wohl naheliegend), sondern auch den Genuss einfacher und mit anderen geteilter Freuden vergrößere. In früheren Jahren gab es beispielsweise Viva Magenta (18-1750), ein rosafarbenes Rot, das für 2023 Schwung und Elan, Mut und Furchtlosigkeit versprach, oder die blau-lila schimmernde Very Peri (17-3938), die eine muntere, fröhliche Haltung sowie mutige Kreativität für 2022 vermitteln sollte, während das dunkle Lila Ultra Violet (18-3838) als Farbton der Gegenkultur und Unangepasstheit im Jahr 2018 zu Originalität, Einfallsreichtum und visionärem Denken verhelfen sollte.

Unter Bezug auf Goethes Farbenlehre, bis heute Referenzwerk für beinahe alle, die im westlichen Kontext über Farbwirkungen nachdenken, heißt es in *The Complete Color Harmony*, einem der Bücher von Pantone über Pantone, dass Farbtöne eine Persönlichkeit annähmen, die Botschaften und Bedeutungen in die Welt hinaustragen könnte. Die Beschreibung dieser Farbtonpersönlichkeiten ist voller Widersprüche und nicht ohne Komik. In den Worten von Leatrice Eiseman, Executive Director des Pantone Color Institute sowie International Color Guru: »Wenn Sie blaugrün mögen [...], sind Sie höher entwickelt und ein bisschen komplex. Sie sind ordentlich (bis hin zur Umständlichkeit) und gepflegt. Sie sind sensibel, aber auch kultiviert, selbstbewusst und streben nach Stabilität.« Und wenn Sie blaugrüne Farbtöne nicht mögen: »So unordentlich Sie auch sein mögen, eine kleine Stimme in Ihnen (war es Ihre Mutter, Ihr Vater oder Ihre Mitbewohnerin?) sagt Ihnen immer wieder, dass Sie Ihr Zimmer aufräumen sollen.«[6]

Es bringt wenig, in diesen Worten höheren Sinn oder penible Forschungsarbeit zu vermuten. Die Vermarktung autonomer, von vielfältig kontrastiven Beziehungen zu anderen Farben weitgehend isolierter Einzeltöne ist befreit von klassischen farbtheoretischen Annahmen. Hier werden keine Einsichten in das Zusammenspiel von Primär-, Sekundär- und Komplementärfarben vorausgesetzt. Schwarz und weiß werden unbefangen als Farbtöne eigenen Rechts behandelt (was mit Blick auf die soziale Handlungskraft von Farbe vollkommen angemessen erscheint). Farbkarten und ihre nummerierten und codierten, säuberlich voneinander getrennten, gleichzeitig flach und glänzend wirkenden Mustertöne sind farbtheoretischen Hierarchien gegenüber

---

6  Leatrice Eiseman, *The Complete Color Harmony*. Beverly: Quarto 2017 (Übersetzungen jeweils TB).

indifferent (ein Grund dafür, dass die handelsüblichen Farbkarten und -schemata kalt und unsentimental wirken). Schon gar nicht kann Pantones System als repräsentativ für die umstrittene Idee einer allgemein geteilten Farbwahrnehmungsgrammatik verstanden werden.

Die Schaumschlägereien mit Mocha Mousse etc. sind zunächst bloß ein Indikator dafür, dass Farbe sich für vieles hergibt. Nicht nur mit Blick auf ihre vermeintlichen Effekte ist sie instabil, in ihrer Wirkung ein Gefüge aus Tönen, Helligkeitsgraden und Sättigungsstufen, stets in Veränderung begriffen und unrein und damit für so gut wie jede Art metaphorischer Aneignung zu haben. Farbe (im Singular) erscheint »als Beflügeltes«, so hat es der junge Walter Benjamin im Nachdenken über kindliche Welterfahrung zu fassen versucht, »welches von einer Gestalt zur andern überfliegt«. Sie sei damit als ein volatiles Medium des Wandels zu verstehen: als instabile, Erfahrung formende und ihrerseits formbare Mittlerin, deren chromatisches Differenzierungsspiel menschliche Wahrnehmung überhaupt erst ermöglicht und prägt.[7] Als »polymorphous magical substance«, so Taussig im Anschluss an Benjamin und Goethe und mit Blick auf Farbkunde à la Pantone, biete Farbe dann stets auch »a license to be stupid«.

*III*

Als einer unter wenigen hat Taussig anregend herausgearbeitet, dass diese Art verkaufsfördernder und küchenpsychologischer Spekulation als ein Symptom einer viel größeren, indes intellektuell weitgehend vernachlässigten Frage nach Farbe als primärer Kraft sozialer Ordnung und Unordnung aufgefasst werden sollte. Die der Wahrnehmung gegebene Welt ist von Farbe durchzogen und durch sie in mannigfaltigen Abstufungen und Relationen erleb- und gestaltbar. Warum, so ließe sich Taussig paraphrasieren, ist die Analyse von Alltagskultur und sozialer Organisation blind gegenüber der Kraft der Farbe, soziale Beziehungen zu verkörpern und zu verändern?

Taussigs These der Farbblindheit eines Denkens und Forschens, das Farbe allenfalls als sekundäres Merkmal der Dekoration, des Ornaments oder der Symbolik vermeintlich primärer sozialer Strukturen und Hierarchien sehen mag – in unterschiedlichen Dosierungen gerne mit herablassenden Gleichsetzungen des Farblichen mit dem Kindlichen, dem Femininen oder dem Unzivilisierten und Vulgär-Proletenhaften assoziiert –, erinnert an die polemische Diagnose der »chromophobia«, die der schottische Künstler und Autor

---

7  Walter Benjamin, *Die Farbe vom Kinde aus betrachtet* [1914]. In: Ders., *Gesammelte Schriften*. Bd. VI. Frankfurt: Suhrkamp 1985.

David Batchelor dem westlichen Denken gestellt hat. Batchelor attestiert eine Art chromatische Angststörung. Sie äußere sich in einer Abscheu vor den vielfachen Verbindungen und unkontrollierbaren Wirkungen der Farbe als beflügelter Kreatur und in einer Furcht, durch ihre Unkontrollierbarkeit und Unlesbarkeit kontaminiert oder korrumpiert zu werden.[8]

In ihrer Zuspitzung ist diese Einschätzung kaum zu halten, gibt es doch eine durchaus reichhaltige Geschichte des Denkens der weltbildenden, proteischen und primären Kraft der Farbe – eines Denkens mit und in Farbe –, für die der Diskursstifter Goethe sowie Benjamin und Taussig hier exemplarisch einstehen.[9] Oftmals in großer, teils messianischer Emphase wurden und werden dabei Begriffe und Assoziationen der Vielfältigkeit, Unordnung, Unzuverlässigkeit und Unkontrollierbarkeit aufgerufen. Farbe wird in Opposition gesetzt zu Sprache und sprachlichen Bedeutungssystemen, zu Kategorien des Denkens und Erkennens sowie zu Ordnungs- und Machtstrukturen. So hat Burkhard Müller zuletzt eine »Metaphysik des Diesseits« entworfen, die Farbe als »triviale Zauberei« und »sachliche Mystik« zu beschreiben sucht, als Paradox des immer schon Umschriebenen und Bezeichneten, das sich gleichzeitig der Beschreibbarkeit entzieht und in das Unausdenkliche öffnet.[10]

Mit Blick auf die weniger der Spekulation zugeneigte Sozialtheorie treffen Batchelor und Taussig indes einen Punkt. Es ist auffällig, wie farblos zum Beispiel auch Studien der ästhetischen, affektiven, medientechnisch oder neomaterialistisch gedachten Verfasstheit von Gesellschaft, Institution, Organisation und Interaktion argumentieren. Hier mag stimmen, was der Literaturwissenschaftler Nicholas Gaskill als »den großen Schwindel des modernen Denkens« bezeichnet: Vermeintlich sicheres Wissen werde um den Preis der farbigen Welt, die dieses Wissen erst ermöglicht, erworben.[11]

Der Fall Pantone verweist nun auf einen Weg, Farbe als primäre Kraft sozialer Organisation ernst zu nehmen.[12] Dafür ist der Rekurs auf die Fluidität, Mehrdeutigkeit und Unkontrollierbarkeit von Farbe als etwas, das sich sozialen Formationen widersetzt oder sie überschreitet, mit ihrer alltäglichen

---

8   David Batchelor, *Chromophobia*. London: Reaktion Books 2000.

9   Vgl. Ludger Schwarte, *Denken in Farbe*. Berlin: August Verlag 2020.

10  Burkhard Müller, *Farbenspiele. Oder wie eine Metaphysik des Diesseits aussehen könnte*. In: *Merkur*, Nr. 844, September 2019.

11  Nicholas Gaskill, *Chromographia. American Literature and the Modernization of Color*. Minneapolis: University of Minnesota Press 2018.

12  Vgl. Timon Beyes, *Organizing Color. Toward a Chromatics of the Social* (Stanford University Press 2024), das den hier vorgenommenen Überlegungen zugrunde liegt.

Präsenz als oft konventionelles Ordnungsmittel in Beziehung zu setzen. Um die Unkontrollierbarkeit der Farbe zu feiern, werden üblicherweise Kontrollapparate vorausgesetzt. Wie Benjamin apodiktisch feststellte, finden »erwachsene, produktive Menschen an der Farbe keinen Halt, für sie ist sie nur in gesetzlichen Beziehungen möglich, denn sie haben eine Weltordnung zu geben«. Pantones chromatische Weltordnung ist bloß ein Ausschnitt aus einer Vielzahl farbcodierter Bezugs- und Ordnungsschemata, denen wir im Alltag folgen, ohne dass uns das groß auffiele, oder die sich in ihrer Symbol- und Signalwirkung oftmals mühelos entschlüsseln lassen. Farbe wird ständig artikuliert, sinnhaltig gemacht, zerlegt, abstrahiert, in Symbole verwandelt und zur Ware gemacht. Und natürlich sind produzierte Farben typischerweise fixiert und bewahren eine gewisse Beständigkeit. (Goethe bezeichnete das in seiner Typologie als chemische Farben, ein knappes Jahrhundert bevor die Produktion so genannter künstlicher, länger haltender Farbtöne den Aufstieg der chemischen Industrie nach sich zog.)

Ein Großteil der Farberfahrung ist fabriziert, organisiert, ein Fest der Ordnung, das der Unbeständigkeit der Farbe abgerungen wurde und auf ihr beruht – und das daher offen für ungeplante chromatische Differenzierung bleibt (denn immer huscht Farbe flüchtig von einer Farbrelation und einer Form zur nächsten). Dies läuft auf eine offen zu haltende »Dialektik der Kontrolle und des Zufalls« hinaus, so der Medienwissenschaftler Sean Cubitt, auf ein kontinuierliches und teils umkämpftes Wechselspiel von Ordnung und Unordnung, Organisation und Desorganisation.[13] Sich auf die soziale Wirkung von Farbe einzulassen, bedeutet dann, diesem Wechselspiel in seinen jeweiligen Ausprägungen nachzugehen.

*IV*

Unter diesen Vorzeichen verweist der Versuch der Etablierung eines universell-kommerziell gültigen Farbsystems, wie ihn Pantone profitabel verfolgt, auf eine faszinierende Vorgeschichte der Farbe als Kraft sozialer Organisation, die hier nur kursorisch erzählt werden kann. Der Wunsch nach chromatischer Ordnung ist alt. So bereitete das jahrhundertelange handwerkliche Mischen und Zusammenstellen von Farbpaletten den Boden für die Suche nach einer universellen Organisation der Farbe im Europa des 18. und 19. Jahrhunderts (und nicht zuletzt in Deutschland), als Naturphilosophen, Historiker, Kunsthandwerker, Physiker und später Chemiker sich auf den Weg machten,

---

13 Sean Cubitt, *The Practice of Light. A Genealogy of Visual Technologies from Prints to Pixels*. Cambridge / Mass.: MIT Press 2014.

um ein universell anwendbares Klassifizierungs- und Referenzinstrument zu schaffen.[14]

Während die handwerkliche oder künstlerische Palette eher idiosynkratisch war und vom Gebrauch abhing, war das Farbrad die abstrakte und protowissenschaftliche Oberflächenanordnung zur Ordnung und Auswahl von Farben. Die runde Form konnte ein nahtloses Spektrum darstellen, in dem die Farben relativ und relational erschienen und in andere Farben übergingen – ohne dass jemals ein Konsens darüber bestand, wie bei nichtstandardisierbarer Materialabhängigkeit und fehlender Reproduzierbarkeit eine allgemein gültige Darstellung aussehen sollte. Die zunehmende Präsenz industriell hergestellter Farbtafeln, ermöglicht durch die Massenproduktion synthetischer, standardisierter Farben für den Hausgebrauch und Objekte jeglicher Art, läutete im späten 19. und frühen 20. Jahrhundert den Aufstieg der modernen Konsumgesellschaft ein. Alle möglichen Arten von listenförmigen Karten, Broschüren und Katalogen entstanden und etablierten die Farbtafel als ikonisches Präsentationsformat. Die Farbkarte wurde zu einem profanen Massenmedium, das von Farbherstellern produziert und in Umlauf gebracht wurde und den kollektiven Farbensinn prägte.

Zwar wurde und wird dabei – siehe Pantone – am universalistischen Gestus und Pathos der Systematisierung und Ordnung einer vermeintlich für alle geltenden Farbwahrnehmung festgehalten. Doch verhält sich die polymorphische magische Substanz kaum so, wie es in den verschiedenen Tabellen, Diagrammen und Systemen für sie vorgesehen war und ist, unabhängig davon, welche psychophysischen, neurobiologischen, vulgärpsychologischen oder esoterischen Annahmen den jeweiligen Modellen zugrunde liegen. Die Geschichte der Farbkunde ist voll von Normen und Klassifizierungen, die eine Isomorphie, das heißt eine direkte Übereinstimmung zwischen Modell und Wirklichkeit, behaupten, aber nur eine sehr begrenzte oder künstlich hergestellte empirische Untermauerung vorweisen können (das war bereits Goethes erkenntnistheoretische Kritik).

Am Willen zur Verallgemeinerung mangelt es indes so gut wie nie. In ihrer weitläufigen, jedoch nach eigenem Bekunden unvollständigen Übersicht über Farbordnungssysteme sprechen die Farbforscher Rolf Kuehni und Andreas Schwarz von »Farbreizsammlungen«: Ideen zur Quantifizierung und Standardisierung von Farbtönen basieren auf ästhetischen und normativen

14  Vgl. Sarah Lowengard, *The Creation of Color in Eighteenth-Century Europe.* New York: Columbia University Press 2008. Zur chromatischen Vorgeschichte der chemischen Industrie vgl. Esther Leslie, *Synthetic Worlds. Nature, Art and the Chemical Industry.* London: Reaktion Books 2005.

Vorlieben für wünschenswerte Farbbereiche und -kombinationen und werden mit diesen vermengt.[15] Die (üblicherweise behauptete) Repräsentation einer universell geteilten Wahrnehmungsgrammatik entpuppt sich als Wahrnehmungs- und Unterscheidungstraining für Konsumentinnen und Bürger, als kollektive Einübung einer kohärenten Farberfahrung.

## *V*

Wer regiert die Republik der Farbe? Im frühen 20. Jahrhundert war es die nun allgegenwärtige Präsenz und Verfügbarkeit industriell produzierter Farben, die es potentiell jeder Frau und jedem Mann ermöglichen sollte, Malerin, Dekorateur, Innendesignerin und Farbtonarrangeur zu werden. Dieser Tatbestand verträgt sich zunächst einmal schlecht mit den soziologischen Großerzählungen von Entzauberung und Entästhetisierung der Moderne. Handelte es sich dann um die Einlösung des goetheschen Ideals einer Farbrepublik, die aus Farbdilettantinnen und Autodidakten besteht? Viel eher war die unzusammenhängende Fülle von Tönen sowie Sättigungs- und Helligkeitsgraden für die Farbwissenschaftlerinnen und Sozialreformer des frühen 20. Jahrhunderts ein Chaos, eher zügellose chromatische Anarchie als zivilisierte Farbenrepublik. Mehr denn je bedurfte die Farbe der Ordnung, Rationalisierung, Systematisierung und Standardisierung.

Denn nicht nur das potentielle Farbchaos selbst war zu organisieren. Die Farbe musste zum Ordnungs- und Erziehungsinstrument einer »republic of colour« werden. Damit bezeichnet der amerikanische Wissenschaftshistoriker Michael Rossi nun gerade nicht ein goethesches Aufbegehren der zur Farbwahrnehmung und -beschreibung fähigen Dilettanten gegen das Diktat physikalischer Farbtheorie, sondern den ökonomischen, politischen und verwaltungstechnischen Apparat, der sicherstellen sollte, dass sich die Farberfahrung der sich selbstbewusst modernisierenden amerikanischen Nation auf moralisch und ästhetisch kohärente Weise ereignete und sich ein genauso zivilisierter wie konsumfreudiger Farbensinn entwickelte. Eher also befeuerte die Farbe ein Wechselspiel aus Ästhetisierung und Rationalisierung, aus Entzauberung und Wiederverzauberung.[16]

15  Rolf G. Kuehni / Andreas Schwarz, *Color Ordered. A Survey of Color Order Systems from Antiquity to the Present*. Oxford University Press 2008.

16  Michael Rossi, *The Republic of Color. Science, Perception, and the Making of Modern America*. University of Chicago Press 2019. – Mit Andreas Reckwitz könnte man Farbe als »Ästhetisierungsagenten« bezeichnen, der in den anderen Agenten der Ästhetisierung – »Expansionismus der Kunst«, »Medienrevolutionen«, »Kapitalisierung«, »Objektexpansion«, »Subjektzentrierung« – am Werk ist bzw. diese ermöglicht, aber

Bemerkenswert ist, mit welcher Dringlichkeit Farbe zu einer Art Kampf-
gebiet für den kulturellen und wirtschaftlichen Fortschritt wurde. An zwei
dominanten Figuren eines breiten Feldes lässt sich das kurz und transatlan-
tisch nachzeichnen. Auf US-amerikanischer Seite ist dies Albert Munsell, die
wohl einflussreichste Figur unter den westlichen Pädagoginnen, Erfindern
und Forscherinnen, die sich um die Entwicklung standardisierter Farbsyste-
me bemühten. Munsell war Maler, Lehrer, Erfinder des Munsell-Farbsystems
und Gründer der Munsell Corporation kurz vor seinem Tod im Jahr 1918.
Das Unternehmen gehört seit 2006 zum selben Konzern wie Pantone, nämlich X-Rite. Über die Marke Pantone werden noch heute Munsell-Farbkarten
und Farbmusterbücher vertrieben sowie entsprechende Beratungsleistungen
angeboten, die sich spezifisch an die wissenschaftlichen und öffentlichen
Sektoren richten.

Munsell selbst war entsetzt über die Verfügbarkeit vulgärer und greller Farben sowie über die Ausbreitung alberner Farbnamen, die zu ihrer Vermarktung erfunden wurden. (Er wäre nicht erfreut über Mocha Mousse.) Dieses
Durcheinander zu ordnen war gleichermaßen eine industriell-kommerzielle
wie moralisch-ästhetische Notwendigkeit. Munsell gründete sein System auf
drei Eigenschaften: Farbton (die Farbe selbst, wie sie in einem Objekt oder auf
einer Oberfläche wahrgenommen wird, unterteilt in fünf Primär- und fünf
Zwischentöne), Wert (oder Leuchtkraft, das heißt die Helligkeit und Dunkel-
heit einer Farbe, unterteilt in eine Skala von 0 für reines Schwarz und 10 für
reines Weiß) und Chroma (der Grad der Sättigung und Brillanz einer Farbe).
Diese Eigenschaften wurden in einem dreidimensionalen Raum angeordnet,
so dass jede Farbe den drei Dimensionen entsprechend indiziert und benannt
werden konnte (zum Beispiel wird rot mit einem Farbton von 8, einem Wert
von 7 und einer Sättigungsstufe von e als 8R7/e bezeichnet). Organisierte Farbe: kein Herumhantieren mehr mit schaumigen und unscharfen Metaphern,
sondern eine präzise und quasiwissenschaftliche Terminologie.

Dabei bliebe, so Munsell selbst, die Einteilung der Farben und Anordnung
der Tafeln willkürlich. Und eine seiner Haupttaktiken bestand Rossi zufolge
darin, die Probanden dazu zu bringen, seine Interpretation ihrer Farbemp-
findungen zu akzeptieren. Munsell bevorzugte die so genannten mittleren
Farben als für seinen Geschmack kultiviertere Konfigurationen von Farbton,
Wert und Chroma (weg von den Polen der Übersättigung und des stumpfen
Graus, von zu viel oder zu wenig Leuchtkraft). Rossi beschreibt das als Versuch, die Bevölkerung zu einem zivilisierteren Farbensinn zu erziehen, weg

nicht in ihnen aufgeht. Andreas Reckwitz, *Die Erfindung der Kreativität: Zum Prozess
gesellschaftlicher Ästhetisierung*. Berlin: Suhrkamp 2012.

von den degenerierten und schreienden Farben der »Unzivilisierten« hin zu einem Verständnis von bürgerlicher, mit weißer Hautfarbe assoziierter Tugend. Auch das Munsell-System war weniger ein Modell dafür, wie Farbe »wirklich ist« oder »wirklich wahrgenommen wird«, als vielmehr ein Apparat, nach dem der Geschmack und die Gewohnheiten der Massen – und bald auch der Massen in anderen Regionen der Welt – modelliert werden sollten: eine Technologie sozialer Organisation.

Auf der anderen Seite des Atlantiks verfocht der Chemiker und Nobelpreisträger Wilhelm Ostwald das Bestreben, Farbe als paradigmatisches ästhetisches Medium der Modernität und Kernthema der modernen Ordnungswissenschaft zu begreifen und zu gestalten – auch im Dialog mit Munsell.[17] Nach schillernden Versuchen, die »Organisation der Welt« (so der Titel eines 1910 gehaltenen Vortrags) durch die Medien einer »Welthilfssprache«, einer »Weltwährung« und des gedruckten Papiers in Form eines »Weltformats« zu verbessern, sollte das chaotische und allgegenwärtige Reich der künstlich hergestellten Farben der Hauptmotor für das Zeitalter und die Gesellschaft der Organisation sein. Dafür war die Farbe selbst zu ordnen, musste sie – umfassend und endgültig – klassifiziert, systematisiert und standardisiert werden. Ostwald beschränkte sich nicht darauf, eine anders geordnete Farbtafel zu erstellen, sondern verbrachte die letzten zwei Jahrzehnte seines Lebens damit, eine neue und, wie er behauptete, korrekte und wissenschaftlich fundierte Farbtheorie zu entwickeln (zur selben Zeit machte sich der junge Benjamin Gedanken über Farbe als beflügeltes Medium der Erfahrung). In den Jahren vor, während und nach dem Ersten Weltkrieg war diese Arbeit verknüpft mit Ostwalds Rolle im Werkbund als Experte für Organisation und Farbkunde, um die Normung und Verbreitung eines allgemeingültigen Farbatlas und seiner verbindlichen Farbtafeln voranzutreiben.

Bei einem ihrer Treffen 1905 und 1906 notierte Ostwald missbilligend, Munsell habe gesagt, die Anordnung der Farben und ihrer Reinheitsstufen basiere auf seinem Gefühl als Künstler. Doch auch Ostwalds Farbsystem war stärker durch ästhetische Ordnungskriterien der Symmetrie und einfachen Relationen als durch forscherische Exaktheit geprägt, eine für Farbtheorien typische, oft uneingestandene oder verschleierte Dominanz ästhetischer Vorannahmen, die mit Behauptungen wissenschaftlicher Rationalität, Messbarkeit und Exaktheit kaschiert wird. Für beide war die systematische Ordnung

17  Zum Folgenden vgl. die Dissertationsschrift von Albrecht Pohlmann, *Von der Kunst zur Wissenschaft und zurück. Farbenlehre und Ästhetik bei Wilhelm Ostwald (1853–1932)*. Martin-Luther-Universität Halle-Wittenberg 2010. Zu Ostwald vgl. auch Markus Krajewski, *Restlosigkeit. Weltprojekte um 1900*. Frankfurt: Fischer 2006.

einer standardisierten und reproduzierbaren Farbpalette gleichbedeutend mit der Ordnung des Sozialen durch den Farbensinn und damit mit kulturellem und industriellem Fortschritt. In Ostwalds Worten ging es darum, »das ganze Farbwesen in Deutschland so zu organisieren, dass ein Höchstmaß kulturellen Fortschrittes nach innen und wirtschaftlichen Erfolges nach außen erreicht wird«. Die standardisierte Ordnung der Farbe war für die effiziente und im Wettbewerb überlegene Massenproduktion ebenso wertvoll wie für die ästhetische Erziehung und die Gestaltung von Lebensräumen, auch für die Kunstpraxis selbst.

## VI

Im Grunde betrieben Munsell, Ostwald und ihre Kolleginnen und Konkurrenten angewandte Organisationsforschung in doppelter Hinsicht: die Organisation der notorisch unzuverlässigen, flüchtigen und beflügelten Materie der Farbe in verlässlichen und replizierbaren, rationalen und zivilisierten Schemata; und die Ordnung des Sozialen durch die Kraft der Farbe und mit ihr verbundene Formen und Prozesse der Organisation. Mocha Mousse und die Weltmacht Pantone aktualisieren diese Chromatik sozialer Organisation für die Gegenwart. Die Farbkarten des Unternehmens disziplinieren das unruhige, instabile und verräterische Reich der Farbe in eine geordnete Liste handhabbarer, standardisierter und handelsüblicher Farbtöne und Nuancen. Damit wird Farbe zu einer einflussreichen Technologie des organisierten Lebens, der Ordnung und Gestaltung kollektiver Sinneserfahrungen zu administrativen, kommerziellen und pädagogischen Zwecken.

All das wird ermöglicht, begleitet und unterminiert von chromatischer Instabilität. Die Tabellen und Oberflächen Pantones und der anderen Farbnormierer bleiben provisorisch und umkämpft, offen für ihre Auslöschung, Aneignung und Neuzeichnung. Sie sind immer auch Ausdruck der Kontingenz der Farbe. Eine Farbkunde des Sozialen macht die chromatische Beflügeltheit und Kontingenz zum Ausgangspunkt und schreibt Geschichten der Farbe als Kraft sozialer Ordnung und Unordnung: etwa in der Dressur, Diskriminierung und Befreiung menschlicher Körper, in der Produktion, Zirkulation und Rezeption kolonialer und artifizieller Farbstoffe, im Warenkapitalismus, in der Intensität politischer Farbtöne und in der Verlockung unzähliger digitaler Farben.

# KRITIK

## Postliberalismus und Elitentausch

*Von Albrecht Koschorke*

**W**er sich einen Reim auf das Geschehen in den USA machen will, dem könnte Patrick J. Deneens politisches Manifest *Regime Change* von 2023 als das Buch der Stunde erscheinen.[1] Nicht zufällig wird dieser Autor inzwischen auch in Deutschland verstärkt rezipiert – sei es in zeitdiagnostischer Absicht oder sei es, wie jüngst im *Merkur* durch Birger Priddat, um die ins Wanken geratenen Fundamente unserer politischen Ordnung im weit ausgreifenden Rekurs auf Aristoteles' Typenlehre der Staatsverfassungen neu zu bestimmen.[2]

Deneen, katholisch-konservativer Vordenker der US-amerikanischen Rechten, hatte schon einige Jahre zuvor (*Why Liberalism Failed*, 2018) das Ende der liberalen Ära verkündet. Das neue Buch zieht daraus die Konsequenzen. Der »Tyrannei« des liberalen Establishments, das sich aller einflussreichen Positionen in Politik und Gesellschaft bemächtigt habe, ist Deneen zufolge nur durch einen radikalen Elitentausch beizukommen. An die Stelle der »korrupten und korrumpierenden herrschenden Klasse« müsse eine neue, von einer hohen Moral getragene »Aristokratie« treten, die sich endlich wieder der Anliegen und Nöte der einfachen Leute annehme. Den liberalen Fortschrittsfanatismus, der nur die Eliten begünstige und dazu verleite, die Mehrheit der Menschen im Land als rückständig zu verachten, will Deneen durch eine Wiederbesinnung auf das Gemeinwohl in konservativem Geiste abgelöst wissen. Wo nach Jahrzehnten der Globalisierung und offener Grenzen Verarmung, Überfremdung und Depression herrschen, soll der *American Way of Life* alter Prägung wieder zur Geltung gelangen. Gegen den Katalog des Niedergangs bietet der Professor aus Chicago Altbewährtes auf: Familie, Gemeinschaft, Nation, Religion.

In vielem liest sich Deneens Programm als eine Vorschau auf das, was derzeit von der Trump-Administration verlautbart und umgesetzt wird. Direkten Einfluss übt er auf Trumps Vize J. D. Vance aus. Dessen Äußerungen zu Europa, die auf der Münchner Sicherheitskonferenz am 14. Februar 2025 wie eine Bombe scheinbar aus heiterem Himmel einschlugen, hätte man fast wortgleich schon im letzten Herbst in einem Interview lesen können, das Deneen mit der Zeitschrift *Cicero* geführt hatte.[3]

Die größte Gefahr für die Demokratie in Westeuropa, heißt es da, komme nicht von Trump, sondern aus Brüssel; von dort aus werde die nationale Souveränität der Völker Europas beschränkt, wofür der Umgang mit einem demokratisch gewähl-

1 Patrick J. Deneen, *Regime Change. Towards a Postliberal Future.* New York: Sentinel 2023.
2 Birger P. Priddat, *Polyvalenz des Politischen. Zur Neuvermessung des Demokratischen.* In: *Merkur*, Nr. 911, April 2025.
3 *» Wir befinden uns jetzt in einer postliberalen Ära«. Interview mit Patrick J. Deneen am 22. November 2024.* In: *Cicero*, Nr. 12/2024.

ten Führer wie Viktor Orbán beispielhaft sei. Überhaupt Europa: ein verkümmerter Kontinent, politisch uneins, ökonomisch im Niedergang, militärisch bedeutungslos, moralisch depraviert und seiner spirituellen Substanz verlustig gegangen. Am Ende würden aber, meint Deneen, nicht nur die USA, sondern auch Europa durch Trump und seinen Plan, das amerikanische Imperium zurückzubauen, wieder gesunden.

*Zangenangriff der Rechts- und Linksliberalen auf das »Volk«*

In der Sichtweise Deneens hat der Liberalismus von zwei Richtungen her eine an Despotie grenzende gesellschaftliche Vormachtstellung errungen. Ökonomisch bereitete er das Feld für global operierende Konzerne, die auf die Bevölkerung im eigenen Land keine Rücksicht mehr nehmen. In ihrer Kritik an *corporate America* bedient sich die Revolution von rechts hier eines linken, teilweise sogar marxistisch klingenden Vokabulars. Ihr konservatives Profil schärft sie hingegen in der Frontstellung gegen die zweite, nämlich kulturelle Erscheinungsform des Liberalismus. Dieser Linksliberalismus, der sich sozial und fortschrittlich gibt, hat in den Augen seiner Gegner die totale Kontrolle über die Bildungsinstitutionen und den öffentlichen Diskurs übernommen. Wie die »managerial class« sind seine akademischen Wortführerinnen kosmopolitisch eingestellt und huldigen einem sozialschädlichen, durch ihren mobilen Lebenszuschnitt ortlos gewordenen Individualismus. Zwar verfolgen sie scheinbar egalitäre Ziele, halten aber in Wahrheit an ihren Standesprivilegien fest. Während sie sich mit der für sie typischen Militanz eines gu-

ten Gewissens zu Fürsprechern aller möglichen Minderheiten erklären, blicken sie auf die Mehrheit der einfachen Menschen im eigenen Land mit Verachtung herab. Dadurch treiben sie die gesellschaftliche Spaltung voran.

Folgt man dieser Kritik, so gelangt man zu einer radikalen, dem Augenschein widersprechenden Konsequenz. Vorhandene weltanschauliche Gegensätze zwischen Wirtschaftsliberalen und Linken täuschen dann nur darüber hinweg, dass es sich in Wahrheit um zwei Flügel des liberalen Establishments handelt, die letztlich die gleiche Agenda verfolgen. Unvermutet finden sich Verfechter von »social justice« in die unliebsame Nachbarschaft neoliberaler Deregulierer gerückt. Big Business und neoliberales Unternehmertum auf der einen, *wokeness, identity politics* und Selbstverwirklichungshedonismus auf der anderen Seite reichen sich in diesem Szenario ideologisch die Hand, so unterschiedlich sie in ihrer jeweiligen Stoßrichtung scheinen.

Rechte Publizisten wie Deneen stehen mit einer solchen Beschreibung nicht allein. Sie ist zum festen Bestand von Populismus-Analysen geworden. Die griffigste Fassung hat ihr David Goodhart mit seiner Unterscheidung zwischen den globalmobilen *anywheres* und den an ihre lokalen Verhältnisse gebundenen *somewheres* verliehen.[4] Ganz ohne polemische Zuspitzung findet sich dieses Erklärmuster auch in eher unterkühlten sozialwissenschaftlichen Modellierungen wieder. Andreas Reckwitz etwa spricht in seinem soziologischen Er-

4  David Goodhart, *The Road to Somewhere. The Populist Revolt and the Future of Politics.* London: Hurst & Co. 2017.

folgsbuch *Die Gesellschaft der Singularitäten* von »zwei Dimensionen« des Liberalismus, »eine primär wirtschafts- und
sozialpolitische, die ihn eher auf der Mit-
te-rechts-Seite des politischen Spektrums
verortet, *und* eine gesellschaftspolitische,
die eher im Bereich links von der Mitte
zu finden ist. Aus etwas größerer Distanz
wird jedoch deutlich, dass sich beide Kom-
ponenten zu einem politischen Paradigma
umfassender Liberalisierung verbinden.«[5]
Dieser unheiligen Allianz zwischen den
beiden Fraktionen des Liberalismus, verbunden durch die Brücke der Digitalwirtschaft und der *creative industries*, stellt die
rechtskonservative Rhetorik das »Volk« gegenüber. Damit sind vor allem diejenigen
gemeint, die im Unterschied zu den vielfäl-
tigen Berufsgruppen der *laptop class* noch
physische Arbeit verrichten. Die rechten
Gegeneliten, die im Zeichen eines postliberalen Neubeginns an die Schalthebel der
Macht drängen, sollen der unterdrückten
Mehrheit wieder zu Stolz und Selbstbe-
wusstsein verhelfen. Für Deneen verbindet
sich dies mit einem offensiv populistischen
Wiedergutmachungsprogramm, das die
Abwehr von Überfremdung und Lohn-
konkurrenz durch Migranten, Schutzzöl-
le, die Stärkung einheimischer Industrien
und nicht zuletzt eine starke Rolle des
Staates als »Gegengewicht gegen die zer-
störerischen Kräfte einer destabilisieren-
den Wirtschaftsordnung« umfasst.

## Niederwerfung der alten Elite

Spätestens an diesem Punkt aber endet
der Gleichklang zwischen dem Aufstand
der Unterschichten, wie er Deneen vor-
schwebt, und dem aktuellen Vorgehen
der Trump-Regierung. Deren Feldzug gegen öffentliche Einrichtungen und ihre
Amtsträger hat wenig mit der Idee eines
staatlichen Schutzschirms für die sozial
Schwachen zu tun. Auch wenn er mit po-
pulistischem Appeal daherkommt, zielt
er nicht primär auf eine Rehabilitierung
der Arbeiterschaft. Der Kulturkampf gegen die angeblich grassierende *wokeness* ist
kein sozialpolitisches Programm – abgese-
hen davon, dass die Milliardäre, die Trump
um sich schart, wohl kaum dem Bild unei-
gennütziger Kämpfer für das Gemeinwohl
entsprechen, das Deneen ins Zentrum seines Fahrplans für den Regimewechsel stellt.
*Can We Please Stop Calling These People
Populists?* hat David Brooks eine Kolumne
in der *New York Times* überschrieben.[6] Seinem Urteil zufolge ist der Präsident Trump
nachgerade ein »Verräter« am Populismus,
den er als Wahlkämpfer propagiert hat.
Was aktuell vor sich gehe, sei keine Revol-
te der Arbeiterklasse gegen die Eliten, sondern so etwas wie ein Schulhofkrieg der
einen privilegierten Gruppe von hauptsächlich Weißen gegen die andere – der
Emporkömmlinge gegen die Etablierten.
Der Regimewechsel, der sich tatsächlich
abspielt, gehorcht dann einem gänzlich
anderen Drehbuch als demjenigen eines
Befreiungskampfs von *Heartland America*
gegen das Joch der liberalen Oberschicht
in den Metropolen. Er ist ein als Gerech-
tigkeitsbewegung deklarierter Rachefeld-

5 Andreas Reckwitz, *Die Gesellschaft der
 Singularitäten. Zum Strukturwandel der
 Moderne*. Berlin: Suhrkamp 2017.

6 *New York Times* vom 13. Februar 2025.

zug, der zwar von einem Bevölkerungstausch durch Migration fabuliert, aber auf Elitentausch zielt.

Das lässt an eine Studie Peter Turchins denken, der ein sich über Jahrhunderte wiederholendes Muster politischer Revolten ausmacht, das im Zusammenwirken zweier Faktoren besteht: auf der einen Seite wachsender sozialer Ungleichheit und daraus resultierender Verarmung breiter Bevölkerungsschichten; andererseits der »Überproduktion« von Eliten.[7] Beide sind durch eine Mechanik miteinander gekoppelt, die Turchin als »wealth pump« bezeichnet. Sinken die Löhne, werden die Reichen reicher und nehmen nicht nur an Wohlstand, sondern auch an Zahl zu, bis schließlich eine gesellschaftlich untragbare »Top heavy«-Struktur entsteht, die erbitterte Positionskämpfe im oberen Gesellschaftssegment nach sich zieht.

Zusammen erzeugen diese beiden Entwicklungen einen Cocktail des sozialen Missvergnügens, das sich regelmäßig in gewalttätigen Eruptionen entlädt. Allerdings sind sie in ihrer miteinander verschränkten Dynamik ungleich zu gewichten. Massenhafte Verarmung bildet lediglich den Nährboden breiter Unzufriedenheit und führt allenfalls kurzlebige und politisch ineffektive Revolten herbei, aus dem schlichten Grund, dass den Massen die Organisationsmittel fehlen. Nachhaltige historische Veränderungen gehen allein von dem anderen an der Kriseneskalation beteiligten

Bevölkerungssegment aus, nämlich den überschüssigen, im Wartestand gehaltenen Aspiranten auf Zugehörigkeit zur Elite. Turchin spricht vom »credentialed precariat« beziehungsweise der »frustrated elite aspirant class«, wie man sie herkömmlicherweise eher mit sozialen Unruhen von links assoziiert, die nun aber als Revolutionäre von rechts auf den Plan treten.[8]

Was die heutige USA und in geringerem Maß andere westliche Gesellschaften angeht, so kann Turchin beide hier maßgeblichen Entwicklungstendenzen mit reichem Zahlenwerk unterlegen. Während der Anteil der unteren Schichten am Gesamteinkommen schon seit den 1970er Jahren kontinuierlich absinkt, müssen die Begüterten immer größeren Aufwand betreiben, um ihren Status beziehungsweise den ihrer Kinder aufrechtzuerhalten. Ablesbar ist das unter anderem an den in schwindelerregende Höhe getriebenen Kosten einer standesgemäßen Ausbildung und an der Zahl der Bewerber auf eine einträgliche Anstellung beim Staat.

Turchins Modell des Verdrängungskampfs zwischen Eliten, das auf seine Wei-

---

7  »The two most important social forces that gave us the Trump presidency – and pushed America to the brink of state breakdown – are elite overproduction and popular immiseration.« Peter Turchin, *End Times. Elites, Counter-Elites, and the Path of Political Disintegration*. New York: Penguin 2024.

8  »Overproduction of youth with advanced degrees«, heißt es an gleicher Stelle, »has been the most significant factor in driving societal upheavals.« Als die in Umbruchzeiten gefährlichste Berufsgruppe macht Turchin die Juristen aus – bemerkenswert im Hinblick auf die Schlüsselrolle, die diese Profession sowohl bei der Ermöglichung als auch bei der Einhegung der MAGA-Revolution spielt. Auf die Schlüsselrolle der Juristen als Gegengewicht gegen die in die US-Verfassung eingebaute Tendenz zu einer entfesselten Exekutive hat seinerzeit schon Toqueville hingewiesen: *Über die Demokratie in Amerika*. Ausgewählt und hrsg. v. J. F. Mayer. Stuttgart: Reclam 1985 (Kap. 10: Mäßigung der Tyrannei der Mehrheit).

se weit in die Geschichte ausgreift, um vor allem das Phänomen Trump zu erklären, findet einen aktuellen Bezugspunkt im Presidential Transition Project 2025 der konservativen Heritage Foundation. Dort wurden von langer Hand Namenslisten für die Neubesetzung wichtiger Positionen in der US-Bürokratie vorbereitet, von der das Trump-Regime nun in autoritärer Weise Gebrauch machen kann. Deneens Traum einer Machtübernahme neurechter »Aristopopulisten« steuert zu diesem Projekt sozusagen die ideologische Veredelung bei. Dabei überantwortet er seine Hoffnung auf die Wiederherstellung sozialer Substanz durch Familie, Nachbarschaft und Kirchengemeinde einer Truppe von Plutokraten, die ganz andere Ziele verfolgt. Allenfalls treffen sich populärer Unmut und libertäre Disruption in der Lust am Niederreißen etablierter institutioneller Strukturen – die einen, weil sie sich bürokratisch gegängelt und unterdrückt, die anderen, weil sie sich in ihrer unternehmerischen Allmacht eingeschränkt fühlen.

Dieses Szenario lässt die Behauptung hinfällig werden, dass sich globale Konzernchefs und *Social-justice*-Aktivisten als liberale Flügelkämpfer von rechts und links in einem heimlichen Einverständnis miteinander befinden. Eine Zeitlang mochte es so aussehen, als sei die *wokeness* in Gestalt von Diversität und Antidiskriminierung zu einem dominanten Faktor der Unternehmenskultur geworden. Jetzt stellt sie sich als entbehrliche Folklore des digitalen Kapitalismus heraus, die allenfalls dazu diente, in den tonangebenden Branchen der *creative industries* die besten Köpfe aus aller Welt zusammenzuziehen. Die Oligarchen der Digitalwirtschaft schwenken nach rechts – an ihrer Spitze

Elon Musk, den seine aus libertären Überzeugungen erwachsene Feindschaft gegen eine rechtlich verankerte, regelbasierte Staats- und Weltordnung zum Zerstörer eben der Institutionen werden lässt, die in besseren Tagen als liberale Errungenschaft galten.

## Neupositionierung des demokratischen Liberalismus

Von den neuen Verhältnissen in Amerika mag man nicht viel Gutes erwarten, aber immerhin haben sie eine Klärung der Fronten bewirkt. Das erfordert Korrekturen auch am Selbstbild der Liberalen – diese Kennzeichnung in ihrer erweiterten, durch den Wortgebrauch in den USA geprägten Verwendung verstanden. Nach dem Wendejahr 1989, als eine liberale Weltordnung vorübergehend alternativlos schien, gaben sich progressive Zeitgenossen der Zuversicht hin, dass Globalisierung und Internet eine demokratische Öffnung nach liberaler Maßgabe vorantreiben würden. Im Gefolge der *cold war liberals* dachten sie auch das 21. noch in den Kategorien der zweiten Hälfte des 20. Jahrhunderts.[9] Sie sahen den Sieg des Westens als einen Sieg der Freiheit an, bestärkt durch die Segnungen, die wachsender Wohlstand, technischer Fortschritt und schließlich die Ausweitung kommunikativer Partizipationschancen durch neue Medien mit sich brachten.

Dieser Optimismus hat sich, wie man inzwischen gelernt hat, als trügerisch erwiesen. Er verstellte den Blick auf die

---

9  Vgl. Samuel Moyn, *Liberalism against Itself. Cold War Intellectuals and the Making of Our Times*. New Haven: Yale University Press 2023.

Machtförmigkeit der Vorgänge, die unsere Gegenwart prägen. Hinter dem, was Globalisierung genannt wurde, tritt das Grundmuster einer neuerlichen Aufteilung in imperiale Großräume hervor. Parallel dazu führen Internet, Datafizierung der Welt und inzwischen die KI-Revolution zu Kartellbildungen, die alles bisher Dagewesene sprengen. Allem Anschein nach kann die daraus erwachsende Konzentration von Reichtum und Macht kaum noch von inner- oder zwischenstaatlichen Rechtsordnungen eingehegt werden.

Die Implementierung solcher Rechtsordnungen aber ist das klassische Anliegen des Liberalismus. Dazu gehören Gewaltenteilung, Repräsentativsystem, Gesetzesgehorsam, gerechte Verteilung der Steuerlast, Unabhängigkeit der Justiz. Untrennbar verbunden ist damit ein parlamentarischer und bürokratischer Proteduralismus einschließlich seiner langwierigen Abstimmungsprozesse, deren herkömmlicher Artikulationsraum die kuratierte Öffentlichkeit der alten Leitmedien war.

Zu dieser rechtsförmig geordneten, in oft schwergängigen bürokratischen Routinen prozedierenden Welt verhält sich die ungeduldige Interventionsmacht der sozialen Medien und ihrer Mogule ebenso disruptiv wie die internetbasierten Riesenkonzerne zu den Geschäftsmodellen vormals selbständiger Kleinunternehmer. Was das für die öffentliche Verwaltung bedeutet, führt Elon Musks DOGE-Truppe plastisch vor Augen. Hier agiert der Libertäre als erklärter Verächter jenes Feingewebes aus administrativen Strukturen, das man ideengeschichtlich als liberale Hinterlassenschaft ansehen kann – das sich aber auch für einen Republikanismus im konservativen Stil reklamieren ließe, wie er

Patrick Deneen bei seiner Forderung nach Wiederherstellung eines dem Gemeinwohl verpflichteten Staatswesens vor Augen steht.

Während die neuen Eliten zum Sturm auf die Bastionen des liberalen Rechtsstaates blasen, finden sie in ihrem Institutionenhass Anklang in den kurzgetakteten Erregungsgemeinschaften der digitalen Öffentlichkeit. Zwei Zeitwelten, zwei Arten der Legitimierung von Macht – Akklamation vs. gefilterte politische Repräsentation alten Stils –, zwei daraus abgeleitete Herrschaftsstile und letztlich zwei Realitäten stehen sich antagonistisch gegenüber.

Insofern trägt Deneens *Regime Change* zwar einen treffenden Titel, legt ihm aber eine falsche Beschreibung und falsche Erwartungen zugrunde. Darin kann das Buch als symptomatisch gelten. Es stellt sozusagen die akademische Langfassung eines massenwirksamen Missverständnisses dar, das den Erfolg der Trump-Bewegung als Ganzer befeuert. Es mobilisiert antikapitalistische Ressentiments, deren vernehmlichste Stimme in Trumps *inner circle* Steve Bannon ist, und unterwirft sie den Zielvorstellungen von Milliardären – Leuten wie Musk, Marc Andreessen oder Peter Thiel. Es verspricht eine moralisch reinigende Sozialrevolution von rechts, öffnet aber alle Schleusen für die straflose Korrumpierbarkeit des Systems.

Kurz, es verschafft einer Oligarchie, wie sie das Land seit einem Jahrhundert nicht gesehen hat, ein massenpsychologisches Fundament. Libertäre und autoritäre Tendenzen haben sich zusammengeschlossen. Gegenüber diesem Verbund von Populismus und Plutokratie kommt den in die Defensive gedrängten Liberalen eine neue alte Rolle zu, fast wieder so wie in den heroischen Anfängen dieser politischen Richtung: als Verteidiger des Verfassungsgedankens, Bewahrer eines republikanischen Amtsethos – und, im Grenzfall, Dissidenten in Zeiten einer niedergehenden Demokratie.

## Vergleichende Sternbildkunde

*Zu Raoul Schrotts Himmelsatlas*

*Von Bernhard J. Dotzler*

Ich wollte glauben, dass der wolkenverhangene
Mond auch mich ansah wie eine Pupille.
Aber dort oben war nichts als ein silbriger
Gesteinsbrocken. Eine endlose Felsenwüste
ohne irgendein Leben.
Han Kang, *Menschenwerk*

Es ist hierzulande kein häufiger Anblick, aber manchmal hat man ihn doch: den Blick in eine klare Sternennacht. Heute sieht man dort oben – neben dem Polarstern an der Spitze des Kleinen Wagens, dem Großen Wagen darunter und dem, was der Laie sonst noch so kennt – nicht zuletzt Flugzeuge und Satelliten ihre Bahnen ziehen. Die Flugzeuge erkennt man am Blinken der Lichter und daran, dass man sie hören kann. Das Geräusch verrät ihre Ferne, aber auch dass sie, wie hoch oben auch immer, noch Teil der Erde sind. Glänzt dagegen einer der Satelliten herab, erscheint dieser entrückt wie ein Asteroid: lautlos im Weltraum.

Was aber sah man in früheren Zeiten, was erblicken die Augen anderer Kulturkreise, denen kein Orion, kein Widder und kein Schütze am Himmel leuchtet und für die sogar die Plejaden, obwohl als besonderer Asterismus geschätzt, eben doch nicht die Plejaden, nicht Alkione, Elektra, Maia und die anderen ihrer sieben Hauptgestirne sind? Dieser Frage ist seit 2021 das Sternenhimmel-Projekt der Stiftung Kunst und Natur gewidmet,[1] dessen Krönung Raoul Schrott mit seinem *Atlas der Sternenhimmel* ins Werk gesetzt hat, einem Druckwerk so voluminös wie ein Messbuch: 1280 Seiten im Quartformat (26,7 mal 8,2 mal 31,5 Zentimeter).[2] Man kann es auch nur an einem Pult oder vor sich auf einem Tisch wie auf einem Altar liegend öffnen und darin lesen – und niemand je wird es *lesen*: Wer auch immer es aufschlägt, wird sogleich verführt, darin zu blättern, die mit feinem Strich in die Sternenkarten hineingezeichneten Illustrationen zu bewundern, bei der einen oder anderen Textpassage hängenzubleiben, von da zu anderen Passagen zu springen, etwa um die Cassiopeia bei den Tuareg (Sternbild: das Pferd) und bei den Arabern (Sternbild: die Kamelstute) zu vergleichen, und wieder im reichhaltigen Bildmaterial sich zu verlieren.

1  https://sternenhimmel-der-menschheit.de/
2  Raoul Schrott, *Atlas der Sternenhimmel und Schöpfungsmythen der Menschheit*. Mit Sternbildern von Heidi Sorg. München: Hanser 2024. – Hieraus sämtliche nicht anders nachgewiesenen Zitate.

*Mutter aller Gestirne und Herz des
Himmels*

»Dieser Atlas war sechs Jahre in Arbeit«,
steht im Impressum des Buchs. »Dieser
Atlas versammelt 17 historische und indige-
ne Sternenhimmel« aus sämtlichen Welt-
gegenden mit allen Sternbildern, Sternsagen und ihren Bedeutungen. Er umfasst
die Sternenhimmel von südafrikanischen
Buschleuten bis zu den brasilianischen
Bororo, informiert die Rückseite des Ein-
bands. Es handle sich, erläutert das Vorwort, um Rekonstruktionen »aus indi-
genen Zeugnissen und Aussagen, Sagen,
Legenden und Mythen sowie weit verstreuten Berichten von Missionaren, Reisenden
und frühen Ethnographen«. Diese Neuer-
schließung so gut wie schon erloschener
Sternenhimmel habe es zu dokumentieren gegolten, weil »die Quellen dazu längst
versiegt« seien, also wenigstens »das noch
greifbare Material umfassend« habe präsentiert werden wollen.

Wo wir die Milchstraße sehen, sahen beispielsweise die alten Ägypter die »Mutter
Aller Gestirne« in Gestalt einer »über uns
gebeugten, uns anblickenden Frau, gehüllt
in einen hauchdünnen Gazeschleier«. Die
Navajo erkennen den »Blitzstrahl«, und
ihr »Donner« erstreckt sich »fast rund
um den ganzen Himmel, was ihn weltweit zum grössten bekannten Sternbild

macht«. In der Denomination der Internationalen Astronomischen Union umfasst es die ptolemäischen Sternbilder des
Pegasus und, in Teilen, der Fische, des Wid-
ders, des Walfischs, des Stiers und des Eri-
danus. Am Nachthimmel über China wiederum erstrahlt »Der Rote Vogel«, der es
auf das Cover des *Atlas* gebracht hat: »Es
stellt den mythischen Vogel Fenghuang
dar, den man im Westen gerne als ›Phönix‹
wiedergibt«, und der, sofern man ihn als
Glanzfasan identifizieren kann, eine »Ver-
körperung guter Omen« ist, weil »sich die
in den Rhododendronwäldern des Hima-
layas und Sichuans lebenden Glanzfasane
vor allem im Sommer [zeigten], wenn die
im Frühjahr ausgesäte Saat heranreifte«.

Einen Vogel an ihrem Himmel kann-
ten auch die Maya, den Hellroten Ara oder
»Siebenara«, der direkt neben dem Sternbild »Herz des Himmels« und der Maya-
Mythologie zufolge mit diesem in Streit
liegt. »Siebenara« nämlich maßte sich an,
Sonne und Mond zu sein, als es diese noch
gar nicht gab, sondern erst erschaffen werden mussten. Für die Schöpfung, den »Anbeginn der Welt«, aber hatte »Herz Des
Himmels« die Vollmacht, der »zentrale
Schöpfergott«, der auch »*Juracan* genannt
wird. Zuerst ist er ›Blitzschlag Juracan‹,
dann ›Jüngster Blitz‹ und zuletzt ›Plötz-
licher Blitz‹: Diese drei zusammen bilden
›Herz Des Himmels‹«, der in der Karibik

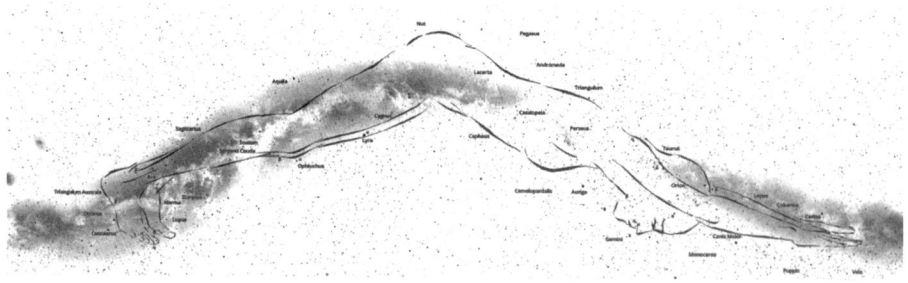

und entlang der nördlichen Küste Süd-
amerikas auch zum »Gott der Wirbelstür-
me« wurde: »Deren ›Auge‹ entspricht dem
Herz Des Himmels als jene astrale Mitte,
um die Zeit und Schöpfung kreisen, in wie-
derholten Zyklen von Geburt und Zerstö-
rung. Sein Name *[Juracan]* gelangte aus der
Karibik dann über spanische oder französische Seefahrer als *Hurricane* ins Englische.«
So gibt es bemerkenswerte Unterschiede.
Was uns die Plejaden sind, heißt den Nava-
jos »Die Samengleichen Funken« und ist
ein Sternbild, das sich auf den Maisanbau
bezieht. Bei den Jicarilla-Apachen handelt
es sich um sechs Jäger und ein kleines Mädchen. Gemeinsam wollten sie einen Bären
erlegen, ergriffen dann aber die Flucht,
ohne zu wissen, ob sie ihnen wirklich gelungen war, den Bären zu töten. »Sie bete-
ten um Hilfe, worauf eine Wolke sie in den
Himmel trug, wo sie zu den sieben Sternen
wurden, die im Osten aufgehen und dann
nach Westen eilen, wo ihre Grossmütter leben.« Die Inuit im nördlichen Kanada erzählen sich »eine motivisch fast identische
Geschichte«.

Es gibt also auch, wie Schrott formuliert, »systematische Ähnlichkeiten«. Auffällig oft findet sich die Ansicht, dass Sterne »in den Himmel gestiegene Menschen«
oder menschenähnliche Wesen sind wie,
um es bei diesem Beispiel zu belassen, eben
die Plejaden. Bei den australischen Abori-
gines wie in der griechischen Mythologie
hat sich »dieselbe Legende« bewahrt, »die
von Schwestern erzählt, die vor einem Jäger
flüchten und sich dabei in Vögel verwan-
deln«, und es ist wohl der gleiche Gedanke,
der »sich an den mit den Plejaden verbundenen Vorstellungen der Tuareg, Altägyp-
ter, Mesopotamier bis hin zum Pazifik zeigt,
wo sie als ›Kleine Augen‹ gelten«.

## Menschheitsbilderbuch

Die umfassende Dokumentation der Sternenhimmelkulturen ist damit nur das eine.
Das andere ist, dass Schrott seinen *Atlas*
mit einer Reihe von Thesen verbindet. Die
Kernthese, wenn man so will, auch wenn
Schrott sie durchaus vorsichtig, eher als
Hypothese in den Raum stellt, lautet, aus
den Gemeinsamkeiten der diversen Sternenhimmel ließe sich auf einen »proto-
typischen Himmel«, einen »Urhimmel«
schließen. Diese These wird durch den
Umstand gestützt, dass zu jedem Sternenhimmel ihm korrespondierende Sternsagen gehören, darunter nicht zuletzt Schöpfungsmythen, aus denen sich ebenfalls eine
»prototypische Schöpfungsgeschichte«,
ein »ursprünglich erzählte[r] Schöpfungs-
mythos« (re)konstruieren lässt: »überall
der Dämmer am Anbeginn der Welt«, stets
»Erste Frau und Erster Mann«, dann »die
Flut« usw.

Die Beobachtung jedenfalls, »dass es
nicht nur manchmal übereinstimmende
Sternbilder und viel öfter motivisch gleiche
Sternsagen gibt, sondern sich zu jedem eine
Kosmogonie findet, die überall dieselbe
Grundstruktur aufweist«, erlaubt womög-
lich nur einen Schluss: »Mangels anderer
Erklärungsmöglichkeiten bleibt da nur die
These übrig, dass der Sternenhimmel samt
einer damit eng verbundenen Schöpfungsgeschichte eine Errungenschaft des spätpa-
läolithischen afrikanischen *Homo sapiens*
war.« Ausgehend von *einem* Ursprung, der
die mannigfachen Übereinstimmungen –
die in so vielen Sternenhimmeln wieder-
kehrenden »Urbilder« – erklären könnte,
wären die Unterschiede dann den »Migra-
tionen [des *Homo sapiens*] zu[zu]schreiben,
die ihn nach Südostasien und Australien,

aber auch nach Amerika führten«. Der ursprüngliche Sternenhimmel hatte sich mit jeder Migration der neuen Weltgegend anzupassen, wodurch er sich »jeweils lokal weiterentwickelte – überall jedoch einige Elemente vergangener Zeiten als Relikte bewahrt hat«. Mit einem Wort: Schrotts »unauslesbares mythologisches Kompendium«[3] folgt der Out-of-Africa-Theorie der Paläoanthropologie.

Deren Expertise muss es daher auch überlassen bleiben, was es mit dem *Atlas* in dieser Hinsicht auf sich hat. Unstrittig dürfte die Erklärungsbedürftigkeit sein, warum überhaupt am Nachthimmel nicht bloß Lichter, sondern Bilder gesehen wurden und werden. Unstrittig dürften ferner einige der Funktionen sein, die sie hatten: »Diese Bilder – in deren Umrissen jede Kultur das ihr eigene erkennen will – benützte man dazu, das vorhandene Wissen über sich und die Welt weiterzugeben.« Neben der kalendarischen Funktion, ihrerseits fraglos, eigneten dem Nachthimmel und den aus ihm heraus- oder in ihn hineingelesenen Mythen also die soziale Funktion, zu speichern und tradierbar zu machen, »was man wissen muss, um ein produktiver Teil der Gemeinschaft werden zu können: Gesetze, Gebräuche und Tabus, die eigene Herkunft, Geschichte und Glaubenslehre«.

Ohne allzu große Übertreibung kann man sagen, dass »einzelne Kulturen weltweit am Sternenhimmel ihre ältesten Kunstwerke entworfen« haben, die »zudem Anlass für oder Illustrationen von Sternsagen [waren], mit denen einmal die fundamentalsten Aspekte einer Kultur überliefert wurden«. Zugespitzt zu einer etwas kühner formulierten These: »Lange bevor die Schrift erfunden wurde, diente der Sternenhimmel bereits als Bilderbuch: Was sich dort oben an Wesentlichem und Wichtigem gezeichnet fand, das wurde unten in Mythen, Legenden und Sagen erklärt und weitergegeben.«

## Illusionsmaschine Gehirn

Noch kühner freilich pointiert die Einbandrückseite: »In einer Zeit vor der Schrift war jeder Sternenhimmel ein Kino der Nacht.« Von einem Bilderbuch zu reden, mag ja noch angehen. Aber gleich Kino? Zwei Begründungen lassen sich finden.

Zum einen – ausgerechnet – das hohe Alter der Sternenhimmel. Wenn sich ihre Entstehung bis ins Paläolithikum zurückverfolgen lässt, kann man sie unschwer mit einer anderen Erscheinungsweise der »Eiszeitkunst« vergleichen, der Felsenmalerei. Zumindest einige ihrer berühmtesten Beispiele wie das der Grotte Chauvet aber bestechen durch »spektakuläre, schier unvergleichliche Ensembles [...] mit perspektivischen Elementen [und] dynamische Bewegungen suggerierenden Darstellungen«.[4] Daher gibt es die Meinung, diese Malereien ähnelten dem Animationsfilm; mit ihnen habe man die frühesten Zeugnisse einer »Vorgeschichte des Kinos« vor Augen.[5]

3    Rezension in: *Bonaventura. Lektüren eines Nachtwächters* vom 20. Dezember 2024 (bonaventura.blog/2024/raoul-schrott-atlas-der-sternenhimmel-und-schoepfungsmythen-der-menschheit/)

4    Hermann Parzinger, *Die Kinder des Prometheus. Eine Geschichte der Menschheit vor der Erfindung der Schrift*. München: Beck 2014.

5    Marc Azéma, *La préhistoire du cinéma: Origines paléolithiques de la narration graphique et du cinématographe*. Paris: Errance 2011.

Zum anderen argumentiert Schrott kognitionswissenschaftlich, unter anderem angeregt durch den Wahrnehmungspsychologen, aber eben auch Filmtheoretiker Rudolf Arnheim. Wie das menschliche Gehirn die vierundzwanzig Einzelbilder des Films ins Kontinuum des Bewegtbilds verwandelt, operiert es generell als »Illusionsmaschine«. Belege hierfür liefern die Ebbinghaus- und die Ponzo-Täuschung, mit denen sich die »Mondillusion« – dass der Mond am Horizont größer erscheint als im Zenit seiner Bahn – begreifen lässt. »Unsere Sinnesorgane sind bloss Rezeptoren, die äussere Reize empfangen und sie zur Verarbeitung weitergeben an das Gehirn als dem eigentlichen Organ, das ›sieht‹, ›fühlt‹, ›schmeckt‹, ›riecht‹ und ›hört‹. Helligkeit und Farbe rühren nicht von unseren Augen, das Tasten nicht von den Händen, Geschmack und Geruch nicht von Mund und Nase, das Hören nicht von unseren Ohren – erst das Gehirn erzeugt all diese Wahrnehmungen, um dadurch unsere Wirklichkeit entstehen zu lassen.« Weil es aber »ständig am Laufen ist«, kann man, was den Sehsinn angeht, »nicht *nichts* sehen«.

Vielmehr konstruiert das Gehirn allenthalben Strukturen, Muster, Gestalten. So beim »uralten und weltweit erblickten Mondgesicht« und so auch im Fall der unzähligen Lichtpunkte am Nachthimmel. Auch sie setzen »unsere Illusionsmaschine – sprich: unsere evolutionär herausgebildeten Wahrnehmungsweisen – der Reihe nach in Gang: Bis wir in den verstreuten Lichtpunkten der Sterne schliesslich die Linien, Ecken und Kurven von Figuren erblicken.« So kann man herleiten, warum es die »in Bilder ausgedeuteten Sternenhimmel« überhaupt gibt. Und mehr noch, sogar weshalb die am Firmament zu erkennenden Figuren auch noch in Geschichten verwickelt sind, erklärt die Psychologie.

Bereits in den 1940er Jahren führten Fritz Heider und Marianne Simmel die dann nach ihnen benannte Heider-Simmel-Studie durch, die darin bestand, Probanden einen Animationsfilm vorzuführen und sie anschließend das Gesehene schildern zu lassen. Der Film zeigte lediglich »Bewegungen zweier Dreiecke und eines Kreises vor einem Rechteck«, aber die Probanden interpretierten das Geschehen »als zwischenmenschliche Geschichten über Angst, Sorge, Wut und Frustration«. Wohl in derselben Weise »erkennt unser auf die Interpretation von Mustern ausgerichtetes Gehirn in den allmählich sich drehenden Lichtpunkten am Nachthimmel nicht nur Bilder, sondern ganze Narrative«. So leuchtete im Sternenhimmel Altägyptens das Sepedet-Sternbild, ein »Sternendreieck um Sirius, das die Göttin Isis verkörperte; es führte den Priestern grafisch vor, wie sie mit dem Rechteck des Osiris und dem Punkt seines Phallus ihren von Canopus verkörperten Sohn zeugte«, Sopdu. »Die Nacht«, kommentiert Schrott mit wohl unfreiwilliger Komik: »Die Nacht ist allerorts voll von solchen Geschichten.«

*Himmelsvergangenheit*

Keine dieser Geschichten ist freilich objektiv in den Sternen und Sternkonstellationen zu finden. Alle sind sie hineingelesen.[6] Dass dort oben im Sternbild Stier in Vögel verwandelte und in den Himmel auf-

6 Vgl. Florian Klaeger, *Reading into the Stars. Cosmopoetics in the Contemporary Novel*. Heidelberg: Winter 2018.

gestiegene Schwestern zu sehen sein sollen: »Nichts an diesem Szenario ergäbe sich beim Anblick des Sternenhaufens der Plejaden von selbst.« Dass es dennoch in vielen Sternenhimmelkulturen so erzählt wird: Solche Übereinstimmungen plausibilisieren einerseits den Schluss »auf eine uralte gemeinsame Herkunft«. Dass es andererseits oft große Unterschiede gibt, macht hinwiederum ihr vergleichendes Studium zu einer lohnenden Sache. »Eine Kultur versteht erst, wer auch ihren Sternenhimmel kennt«, heißt das zur vollmundigen These überpointiert.

Sollte das stimmen, drängt sich die Frage auf, wie es dann wohl um »unsere Moderne« bestellt sein mag, »die mit ihren Wetterberichten, Handys, Uhren und Kalendern die praktischen Funktionen des Sternenhimmels völlig in den Hintergrund drängt«. In dieser Frage verhält sich der *Atlas* eher zurückhaltend. Es leuchtet ein, dass er den hier und heute bekannten Sternenhimmel nicht auch noch katalogisiert und kartiert. Das bedarf kaum einer Begründung – und doch liest sich die eine oder andere Nebenbemerkung zur Gegenwart wie eine solche. Etwa, wenn da steht, der »einzige wirklich merkliche Unterschied zwischen damals und heute« sei der, »dass der Sternenhimmel jetzt, falls wir ihn überhaupt noch irgendwo einmal wahrnehmen, unfassbar leer und gleichgültig wirkt, während er uns durch seine Sternbilder einmal nahe war und wir Teil von ihm«. Damit *kann* »der Sternenhimmel jetzt« in diesem *Atlas* gar nicht vorkommen; damit *muss* er nachgerade durch sein Es-war-einmal wiederverzaubert werden.

Gelegentlich erweist sich der entzauberte Himmel der heutigen Astronomie als brauchbar, einen, wenn man so will, ratio-

nalen Kern in den Sternsagen erahnen zu lassen. So, wenn es darum geht, weshalb überall von sieben Plejaden die Rede ist, obwohl nur sechs Sterne zu sehen sind: »Dass es allerorts heisst, ein Stern sei verschwunden, mag auf eine Supernova in den letzten hunderttausend Jahren zurückgehen.« Oder wenn die Indios in den Anden zu einer der Dunkelstellen der Milchstraße von einem Fuchs erzählen, der sich »bei einem Bankett im Himmel so vollfrisst, dass er platzt. Die moderne Astronomie hat dazu überraschenderweise etwas Kongeniales entdeckt: Denn hinter dem dunklen Fell dieses Fuchses verbirgt sich das ebenso gefrässige Schwarze Loch in Sagittarius A*, als Zentrum unserer Milchstrasse.«

Aber solche Einflechtungen geschehen gewiss nicht in euhemeristischer Absicht, nicht mit dem Anliegen, den Mythos auf historische Vorkommnisse zurückzuführen, benannt nach Euhemeros, »dem ersten, der dem Mythos seinen Nimbus nahm«.[7] Im Gegenteil, Schrott ist es gerade darum zu tun, dem Nachthimmel seinen Nimbus zurückzuerstatten. Die moderne Astronomie weiß, dass so mancher Stern zwar am Nachthimmel dort oben zu sehen ist, dort draußen im All aber schon gar nicht mehr existiert. Sein Licht hat Millionen, ja Milliarden von Jahren gebraucht, um bis zur Erde zu gelangen, während er selbst längst erloschen ist. Der Blick in den Himmel ist immer ein Blick in die Vergangenheit.

Der *Atlas* dagegen präsentiert den Blick in die Vergangenheit wie einen Blick in den Himmel. »In den Sternbildern kommt der-

---

7  Giorgio de Santillana / Hertha von Dechend, *Die Mühle des Hamlet. Ein Essay über Mythos und das Gerüst der Zeit*. Berlin: Kammerer & Unverzagt 1993.

art viel poetische Kraft und Phantasie zum Vorschein, dass einem dies fast wieder den Glauben an das Schöne und Gute des Menschen zurückgibt«, heißt es da enthusiastisch. Und: »Die Zusammenschau von Sternbildern, Sternsagen und Schöpfungsmythen bringt nun ein grosses, aber völlig in Vergessenheit geratenes Stück Menschheitsgeschichte wieder zum Vorschein.«

*Stern- und Seelenflug – Satellit oder Flugzeug*

Der *Atlas der Sternenhimmel*, könnte man sagen, ist also das Ergebnis einer großangelegten Suche nach der verlorenen Zeit seit »Erster Frau« und »Erstem Mann« (und er teilt ja auch mit der *Recherche* eines Proust, dieser »Astronomie der Leidenschaft«, die Prämisse von »optischen Täuschungen, aus denen unsere Wahrnehmung in erster Linie besteht«).[8] Mit seiner Insinuation einer gemeinsamen Wurzel aller Sternenhimmel und Schöpfungsmythen restituiert er nicht weniger als einmal mehr: The Family of Man.

Die gleichnamige, in den 1950er Jahren von Edward Steichen konzipierte Ausstellung zählt inzwischen zum Weltdokumentenerbe wie die Sternenhimmel zum Immateriellen Kulturerbe der UNESCO. Als sie auf ihrer Welttournee auch nach Paris kam, kritisierte Roland Barthes die Sentimentalität ihres »Mythos der menschlichen ›Gemeinschaft‹« – eines Mythos, der in zwei Schritten zustande kommt: »Zunächst bekräftigt man die morphologischen Unterschiede der Menschen [...] Und dann des-

tilliert man aus dieser Vielfalt auf magische Weise wieder eine Einheit: Der Mensch wird geboren, arbeitet, lacht und stirbt überall auf die gleiche Weise.«

Gerade so ließe sich auch die Arbeit am Urhimmel-Mythos unter Verdacht stellen. Dann wäre auch über ihn zu befinden, was Barthes als sein Resümee formuliert: »So fürchte ich, daß die letzte Rechtfertigung dieses ganzen Adamismus darin liegt, der Unveränderlichkeit der Welt das Alibi einer ›Weisheit‹ und einer ›Lyrik‹ zu geben, das die Gesten des Menschen nur verewigt, um ihnen umso leichter ihre Sprengkraft zu nehmen.«[9]

Aber vielleicht muss man so streng nicht sein. Vielleicht genügt es, die Aufmerksamkeit schlicht auf die letzten zwei Sätze des monumentalen Werks zu richten, denn sie lesen sich wie ein Kōan. Sie handeln vom Sternenhimmel der Bororo. Auch dort geht es selbstredend recht poetisch zu. Da gibt es zum Beispiel den »Stern-« und den »Seelenflug«. Über sie aber erfährt man, weniger poetisch als vielmehr lapidar, bloß: »Die Bezeichnung eines ›Sternflugs‹ wird vom ›Seelenflug‹ abgesetzt. Eine dritte Kategorie benennt einen Satelliten oder ein Flugzeug auf Portugiesisch.« Was einmal entzaubert ist, lässt sich so leicht nicht wiederverzaubern.

---

8   Marcel Proust, *Auf der Suche nach der verlorenen Zeit*. Bd. 2: *Im Schatten junger Mädchenblüte*. Übersetzung und Anmerkungen von Bernd-Jürgen Fischer. Ditzingen: Reclam 2014.

9   Roland Barthes, *Mythen des Alltags* [1957]. Aus dem Französischen von Horst Brühmann. Berlin: Suhrkamp 2010.

*Forschen in Gegenwart des Krieges*

*Von Felix Ackermann*

Die deutschen Universitäten waren im Februar 2022 auf die Folgen des von Putin mit der Vollinvasion ausgeweiteten Krieges in Europa so wenig vorbereitet wie der Staat, der sie finanziert. In der anfänglichen Phase eines chaotischen, aber umfassenden Aktivismus halfen sie Kolleginnen aus der Ukraine in den ersten Wochen nach ihrer Flucht. Es folgte eine kurze Phase der strukturellen Solidarität, in der deutsche Institutionen Mittel für ukrainische – in selteneren Fällen auch für russische und belarusische – Forscher zur Verfügung stellten. Die institutionelle Willenskraft reichte an einigen Standorten für sechs Monate, an anderen für zwölf. Dass aus der Ukraine geflüchtete Kolleginnen in der Bundesrepublik Bürgergeld beantragen können, senkte zudem den existenziellen Druck, weiterhin tätig zu bleiben. Nach wie vor gibt es immerhin das Philipp Schwartz-Programm der Alexander von Humboldt Stiftung, das wenige Stipendien an exzellente Kollegen aus der Ukraine vergibt, die nach zwei Jahren eine Chance auf eine Anstellung vor Ort haben.

Mit dem Auslaufen der meisten anderen Förderlinien begann ein Jahr nach dem Überfall eine dritte Phase, in der ein kleiner Teil der ukrainischen Wissenschaftlerinnen unter erschwerten Bedingungen Forschungsprojekte durchführt, deren Finanzierung sie in der Regel bereits von ihren neuen Institutionen aus beantragt haben. Im alltäglichen Mikromanagement der existenziellen Unsicherheit sind Ukrainerinnen wie alle anderen Wissenschaftler ganz der Härte (und Kälte) des deutschen Wissenschaftssystems ausgesetzt. Ukrainische Wissenschaftler, die bereits vor dem 24. Februar 2022 infolge des 2014 begonnenen Krieges und der mit ihm einhergehenden Wirtschaftskrise nach Deutschland gekommen sind, werden strukturell benachteiligt, weil sie nicht den Schutzstatus der Europäischen Union erhalten und nach Auslaufen eines Arbeitsvertrags ihre Aufenthaltsgenehmigung automatisch ausläuft.

Je länger Russlands Krieg anhält, desto umfassender entwickelt sich die Krise der ukrainischen Hochschullandschaft. Hunderte Einrichtungen mussten seit 2014 evakuiert werden. Nach 2022 sind die meisten Universitäten nicht wieder zum Präsenzunterricht zurückgekehrt. Angesichts von mehr als sechs Millionen Staatsbürgern, die außerhalb der Ukraine Zuflucht gefunden haben, und einer steigenden Zahl zum Einsatz an der Front mobilisierter junger Männer sind die Studierendenzahlen im Land dramatisch gesunken. Viele geflüchtete Wissenschaftler, die anfänglich noch über digitale Plattformen an ihrer Heimatuniversität gelehrt hatten, haben inzwischen ihre formelle Anbindung verloren, weil es dort nicht genügend Studierende gibt und der ukrainische Staat nicht in der Lage ist, die Wissensinfrastruktur aus der Zeit vor 2022 aufrechtzuerhalten.

In den Blick nehmen sollte man allerdings die zahlreichen NGOs, die im Angesicht des Krieges die Kraft und den Mut gefunden haben, neue Wege bei der Wissensproduktion zu beschreiten. Durch den Fokus auf russische Kriegsverbrechen, zerstörte Kulturgüter oder die Lebenswege Geflüchteter nehmen die Aktivisten Tiefenbohrungen vor, die schon jetzt die empirische Grundlage einer zukünftigen Geschichte des Krieges bilden.

Das in der westukrainischen Stadt Lwiw alias Lemberg tätige Center for Urban History gehört zu den Knotenpunkten, an denen bereits im März 2022 wissenschaftliche Theorie und aktivistische Praxis in einer Weise zusammenfanden, die das konsequente Bearbeiten einer Geschichte der Gegenwart nicht als Bedrohung der Zeitgeschichte versteht. Das zunehmend beschleunigte Heranrücken von Historisierungspraktiken an zentrale Ereignisse der Gegenwart führt in der Arbeit des Zentrums nicht zur Auflösung von Historizität oder Wissenschaftlichkeit, sondern zu einem höheren Grad der Reflexion über die grundlegende Veränderung von Zeitlichkeit in der digitalisierten sozialen Kommunikation.

*Urlaub in Lwiw*

Im Sommer 2024 organisiert das Zentrum an der Ukrainischen Katholischen Universität ein Symposium, um unter dem Titel »The Most Documented War« Aktivisten, Archivare, Wissenschaftlerinnen, Journalisten und Juristinnen zusammenzubringen. Die Direktorin Sofia Dyak betont zum Auftakt die besondere Bedeutung des Veranstaltungsorts Lwiw. Die Partner und Kollegen aus dem Westen muss-

ten sich dafür auf dieselbe Tagesreise mit Bus und Bahn begeben, die Ukrainerinnen für Forschungskooperationen in die Gegenrichtung zurücklegen. Sie reisen dabei entweder privat oder illegal, weil sie keine Dienstreisegenehmigungen von ihren Arbeitgebern erhalten. Niemand will in Deutschland die Verantwortung für Versicherungen etc. übernehmen, weil es eine Reisewarnung des Auswärtigen Amts gibt. Während die Aktivisten in der Ukraine um die Existenz ihres Staates ringen, fahren ihre engsten Kollegen offiziell in den Urlaub, um vor Ort dringende Fragen der Zusammenarbeit zu diskutieren.

Sie tagen gemeinsam zwei Tage lang in einem Konferenzraum, der zugleich ein öffentlicher Luftschutzkeller ist. Zu Beginn erheben sich alle für eine Schweigeminute. Im Foyer leuchten die Porträts der bis dahin sechzehn an der Front gefallenen Absolventen und Mitarbeiter der Universität auf einem großen LED-Bildschirm. Immer wieder bricht das Stromnetz zusammen. Es dauert dann einige Minuten, bis die Generatoren wieder genügend Strom produzieren.

In Lwiw scheint der Krieg dennoch weit entfernt. Studierende liegen in den Vorlesungspausen auf dem Rasen vor dem Gebäude mit der modernen Fassade aus silbernen Rhomben. Nachts bringt er sich durch Sirenen in Erinnerung, wenn russische Bomber Lenkwaffen über dem Osten der Ukraine abwerfen und alle am Mobiltelefon in Echtzeit verfolgen können, in welche Richtung sie gleiten. Ukrainer haben gelernt, die Informationen über die Art der Bewaffnung und die Flugroute zu deuten. Die Bedrohung ist normalisiert, obwohl erst vor wenigen Monaten im Zentrum von Lwiw ein Wohnhaus getroffen wurde und mehrere Aktivisten aus der lokalen Zivilgesellschaft ums Leben kamen. Im Kellergeschoss des Hotels harren vor allem die ausländischen Gäste im Schlafanzug aus. Die meisten ukrainischen Kollegen sind in ihren Zimmern geblieben.

Die Diskussionen der folgenden Tage kreisen um die Bedingungen nachhaltiger Kooperation bei der Durchführung von Dokumentationsprojekten. Im Kern geht es aber um die Zukunft der Geisteswissenschaft angesichts des fortwährenden Krieges. Eine zentrale Botschaft aller ukrainischen Redner ist die neue Selbstverständlichkeit, in der sie als Handelnde selbstbestimmt agieren, um ukrainische Stimmen in Interviews, Videos, Texten und anderen Dokumenten festzuhalten. Dieser Prozess der Selbstermächtigung ist der Ausgangspunkt für die gedankliche Dekolonisierung – all das geschieht, während weiterhin Marschflugkörper und Drohnen den imperialen Anspruch Russlands unterstreichen. Die Situation der Ukraine fordert nicht mehr und nicht weniger als eine andauernde Auseinandersetzung mit der eigenen kolonialen Vergangenheit und Gegenwart auch im Westen Europas.

*Praktische Solidarität*

Ich nahm an dem Symposium in Lwiw teil, weil ich 2022 einen Ruf an die FernUniversität in Hagen angenommen hatte, wo ich seither ein Lehrgebiet in Public History aufbaue. Als praktische Form der Solidarität mit meinen langjährigen Partnern vom Center for Urban History beteiligte ich mich von Hagen aus an dem Dokumentationsprojekt »24.2., 5 Uhr morgens«, in dem ich zwei ukrainische Kolleginnen kennenlernte, die in Deutschland über hundert lebensgeschichtliche Interviews auf Ukrainisch und Russisch durchführten.

Angela Beljaks Schwerpunkt lag auf geflüchteten Frauen in Hagen und Umgebung. Oksana Tytarenko fand Familien aus dem Osten der Ukraine, die 2014 und 2022 vertrieben wurden, und führte mit ihnen Interviews über ihre Erfahrung der zweifachen Flucht. Janna Keberlein unterstützte sie bei ihrer Arbeit und organisierte parallel zu den Interviews das Projekt »Ankommen in Hagen«, in dem wir gemeinsam mit schutzsuchenden Ukrainerinnen darüber nachdachten, was sie für ihren Neuanfang in Nordrhein-Westfalen brauchen.

Einerseits nutzten wir die Räume und Ressourcen der FernUniversität, um Hilfe zur Selbsthilfe zu unterstützen. Es kamen über mehrere Monate vor allem ukrainische Referentinnen, die über Wege in den Arbeitsmarkt, Resilienzstrategien von Individuen und ganzen Communities sowie lebensgeschichtliches Erzählen als Verarbeitungsmodus traumatischer Erlebnisse sprachen. Es hatte für sie eine Bedeutung, dass die Treffen an der Universität stattfanden. Wichtiger aber war, dass wir als Team uns bereit zeigten, für zwei Jahre einen mittleren Ausnahmezustand aktivistischen Forschens gemeinsam zu tragen.

Aus diesem Ansatz resultierten zwei unterschiedliche Suchbewegungen. Besonders aktive Ukrainerinnen gründeten in Hagen einen Verein namens Synergie e.V., von dem aus sie selbst Projekte zur Vernetzung und Stärkung der Ukrainerinnen in Hagen organisieren. Neben der Aufbereitung von Transkriptionen für das zukünftige Archiv des Center for Urban History in Lwiw sieht unser Ansatz der geteilten Verantwortung vor, dass erste Forschungen denjenigen vorbehalten sind, die die Interviews durchgeführt haben. Oksana Tytarenko analysierte Fluchterfahrungen von zweifach Umgesiedelten auf der Grundlage ihrer Interviews und Angela Beljak unter Gender-Gesichtspunkten die Umstände, unter denen Frauen die Ukraine verließen.

Hilfreich war, dass bereits von Anfang an auch Geflüchtete aus Belarus zu meinem Team gehörten, so dass ich lernte, wie Mittel zur Förderung von Gender Studies für die anfängliche Unterstützung von ukrainischen Kolleginnen genutzt werden könnten. Um diese Phase des Projekts zu ermöglichen, führte ich an der Fern-Universität zudem eine unkonventionelle Fundraising-Kampagne durch, indem ich alle hundert Professoren um eine Spende von 500 oder 2500 Euro für das Projekt aus ihren Lehrstuhlmitteln bat. Immerhin kamen auf diese Weise 50 000 Euro zusammen, ein Kollege spendete privat 5000 Euro, weil am Lehrstuhl alle Gelder verplant waren.

Während wenige Professoren die Aktion für unangemessen hielten, führte sie zu einer in der Universität ungewöhnlichen Form von Solidarität. Prinzipiell war die Unterstützung durch die Universität uneingeschränkt. Es gibt aber einen kleinen Teil von Kollegen, die unsere Form von wissenschaftlichem Aktivismus mit Argwohn betrachten. Interessanterweise bringen sie ihre Vorbehalte nur indirekt vor, es gibt keine offene Diskussion über die dahinterliegenden politischen Meinungsverschiedenheiten. In Polen und in der Ukraine ist die Auseinandersetzung deutlich offener, weil dort die politische Dimension wissenschaftlicher Dokumentationsprojekte für alle Beteiligten klar auf der Hand liegt.

## Lektionen aus der Zusammenarbeit

Die Diskussionen während des Symposiums in Lwiw kehren mehrfach zu einem Essay von Darya Tsymbalyuk über die körperliche Dimension des Wissens über den Krieg zurück. Mit psychischen und physischen Spuren speichern die vom Krieg unmittelbar Betroffenen in ihren eigenen Körper einen Teil der Wirklichkeit, vor der sie flüchten. Damit ist es ihnen auch mit einiger räumlicher Entfernung von den Kampfhandlungen nicht möglich, sich vollständig vom Geschehen zu distanzieren. Aus dieser Beobachtung resultiert eine zentrale methodische Erweiterung der Oral History des fortlaufenden Krieges, die von Natalia Otrishchenko am Center for Urban History in Lwiw in enger Kooperation mit Anna Wylegała von der Polnischen Akademie der Wissenschaften weiterentwickelt wird.

Das Projekt bietet eine reguläre Supervision aller Projektpartner per Zoom an. Darüber hinaus gibt es für Interviewte und Interviewende die Möglichkeit, die Unterstützung einer Psychologin in Lwiw in Anspruch zu nehmen, ebenfalls über Zoom. Es hat sich gezeigt, dass diese Unterstützung dringend notwendig war, um die Arbeit über einen längeren Zeitraum aufrechterhalten zu können, da die aktive Auseinandersetzung mit dem Kriegsgeschehen für alle Beteiligten eine Belastung darstellt. Deutsche Wissenschaftler würden hingegen in der Regel nicht auf die Idee kommen, dass ihre Beschäftigung mit den Folgen des Zweiten Weltkriegs einer langfristigen psychologischen Unterstützung sowie einer professionellen Supervision bedarf. Die dynamische Situation in der Ukraine unter russischem Beschuss sowie die aktive Suche nach Möglichkeiten, in dieser Situation sinnvolle Arbeit zu leisten, haben einen neuen Standard wissenschaftlichen Arbeitens hervorgebracht, der in Jahrzehnten des Forschens an den Folgen des Nationalsozialismus nicht etabliert werden konnte.

Eine weitere Beobachtung bei der Kooperation mit den Kolleginnen in Lwiw und Warschau war, dass sie in allen Projektschritten schneller agierten. Ich hatte noch im Mai 2022 am Deutschen Historischen Institut in Warschau einen Workshop unter dem Titel »Witnessing the Now« organisiert, um für einen Moment einen Raum der Reflexion zu schaffen. Zu diesem Zeitpunkt liefen in Lwiw und Warschau die Interviewtätigkeiten bereits intensiv an. Im September 2022 konnte ich die neue Arbeit in Hagen aufnehmen. Es dauerte dann ein weiteres Jahr, bevor ich im Stande war, mithilfe von Zanna Keberlein ein eigenes Projekt zu starten.

*Archive der Gegenwart*

Die ersten Initiativen in der Ukraine begannen bereits im März 2022, ab April führten Wissenschaftler regulär Interviews durch. Auch wenn es sich um einen relativ ungeordneten Prozess handelte, der oft kaum von reinem Aktivismus zu unterscheiden war, in vielen Fällen nicht wissenschaftlichen Prinzipien folgte und oft vor allem ein Weg war, der eigenen Ohnmacht entgegenzutreten, markierte er eine grundlegende Veränderung, die auch in anderen Kriegen und gewaltsamen Auseinandersetzungen zu sehen ist: Der Abstand zwischen einem Ereignis, das als historisch erachtet wird, und seiner Historisierung wird immer geringer.

Während zwischen dem 24. Februar und den ersten Dokumentationsprojekten noch wenige Woche lagen, schrumpfte dieser Abstand nach dem Angriff der Hamas auf Israel nach dem 7. Oktober 2024 auf wenige Tage. Bereits Mitte Oktober waren auf Youtube Videos mit Überlebenden der terroristischen Anschläge zu sehen, die in ihrer Ästhetik stark an die lebensgeschichtlichen Interviews mit Überlebenden der Shoah erinnerten. Da die soziale Wirklichkeit heute nicht mehr losgelöst von ihrer Mediatisierung auf digitalen Plattformen hergestellt wird, entstehen auf den Servern der kommerziellen Plattformbetreiber große Archive, die die Gegenwart umfassend dokumentieren.

Dazu tragen alle Nutzerinnen selbst bei, indem sie fortlaufend Bilder, Texte, Videos und Hyperlinks auf ihren Mobiltelefonen speichern und teilen. Auf diese Weise entsteht ein War Feed, der selbst Teil des Kriegsgeschehens ist, weil er bereits wichtige Deutungen auf der Meta- und Mikroebene enthält. Diese Daten bilden große Archive der Gegenwart, für deren Nutzung wir derzeit nach Methoden und Regeln suchen, um sie auch für zukünftige historische Forschungen nutzbar machen zu können. Ein sehr großer Teil des War Feed ist nämlich bereits nach wenigen Wochen nicht mehr nachvollziehbar, weil die algorithmische Steuerung sich verändert hat, eine Speicherung auf den Plattformen nicht vorgesehen ist oder ein Teil der Daten gelöscht wurde.

So baute Taras Nazaruk am Center for Urban History ein Telegram-Kriegsarchiv auf, das täglich eine Auswahl von Kanälen archiviert, in denen die ukrainische Gesellschaft auf den Krieg reagiert. In Hagen promoviert er über kollaborative Methoden der Archivierung digitaler Plattformdaten. Der aus Luxemburg angereiste Historiker Andreas Fickers forderte, das Medium Smartphone selbst als Artefakt ernst zu nehmen und zum Gegenstand zukünftiger Geschichtsschreibung zu machen. Anstelle der Authentizität eines digitalen Artefakts müssten im 21. Jahrhundert die Integrität digitaler Daten, ihr Entstehungskontext und die Formen ihrer medialen Repräsentation im Mittelpunkt der Forschung stehen.

### Staatlichkeit unter Beschuss

Die Kyjiwer Journalistin Angelina Kariakina rief auf dem Symposium in Lwiw in Erinnerung, dass der russische Überfall die ukrainische Gesellschaft entgegen Putins Intentionen als Nation konsolidiert hat, was die Annäherung von Staat und Gesellschaft zur Folge hat. Die Gesellschaft kämpfe um den Fortbestand ihres Staats, der Staat kämpfe mit allen Mitteln um den Fortbestand der Gesellschaft. Da die Mittel begrenzt sind, werden angesichts der Kosten des Kriegs die ohnehin knappen Mittel für Forschung und Wissensinfrastrukturen noch knapper. Deshalb haben Dutzende NGOs wie das Ukraine War Archive oder das Ukrainian Heritage Monitoring Lab mit Unterstützung aus dem Ausland und der ukrainischen Zivilgesellschaft die Aufgaben staatlicher Stellen und öffentlich finanzierter Forschungszentren übernommen. Sie sind dazu auch deshalb in der Lage, weil sie schneller und effizienter reagieren können als öffentliche Verwaltungen (und ihre westeuropäischen Kollegen). Wie der Archivar und IT-Unternehmer Kyrylo Vyslobokov betonte, haben ukrainische Startups längst technische Lösungen für die digitale Sicherung von Archivgut entwickelt. Das Geld für ihren Einsatz fehlt jedoch, weil am Ende jedes Archiv selbst die Umsetzung vor Ort übernehmen müsste. Den Archiven aber mangelt es an staatlichen Ressourcen.

Zudem können Osteuropahistoriker seit 2020 in Belarus und seit 2022 in Russland keine Archive mehr besuchen. Die Nutzung analoger ukrainischer Archive ist ebenfalls nur eingeschränkt möglich, aber im Gegensatz zu Russland sieht der ukrainische Staat in ihrer Nutzung keine Bedrohung. In Russland wie Belarus erleben wir eine umfassende Militarisierung historischer Deutungen, so dass auch die Archivnutzung einer strengen Kontrolle im Kampf gegen »den kollektiven Westen« unterliegt. Historiker müssen nun auf der Suche nach empirischen Quellen ihre Perspektive verändern. Eine neue Form des akademischen Tourismus nach Zentralasien, ins Baltikum und in den Kaukasus ist die Folge. Der Blick auf die Vergangenheit aus Tbilissi, Vilnius oder Lwiw verändert auch die Wahrnehmung russländischer und sowjetischer Geschichte.

Das Ende der transatlantischen Partnerschaft und die damit verbundene notwendige Erhöhung der Verteidigungsausgaben werden die Ressourcen für andere Bereiche einschränken. Bereits heute gibt es in Deutschland keine Programme zur Unterstützung ukrainischer Kolleginnen mehr. An der FernUniversität Hagen fand für 2025 eine Globalkürzung des Budgets um 10 Prozent statt. Das ist jedoch erst der Anfang eines längeren Prozesses und bedeutet für Geisteswissenschaftler in Zeiten des Krieges, dass auch sie die Prioritäten klarer setzen müssen als vor 2022.

Der Deutsche Akademische Austauschdienst hat seine Ukraine-Aktivitäten inzwischen in der Förderung von zwei Kompetenzzentren gebündelt, die seit dem Herbst 2024 von Regensburg und Frankfurt (Oder) aus Stipendien für ukrainische Wissenschaftler vergeben. Eine weitere Konsequenz aus den ersten drei Phasen der akademischen Ukraine-Unterstützung ist die Entwicklung neuer Institutionen in der Ukraine. Bisher war die Förderung durch Stiftungen und internationale Organisationen oft auf die Durchführung von Teilprojekten beschränkt. Doch infolge der Covid-19-Pandemie und des russischen Angriffskriegs und entgegen der bisherigen Politik unterstützen inzwischen auch große deutsche Institutionen Projekte nicht mehr nur dann, wenn sie physisch in deutschen Institutionen ausgewertet werden.

Die Renaissance von Lwiw als internationaler Wissenschaftsstandort ist dabei einerseits durch die Entfernung zur Front erklärbar, aber auch die Erfahrungen des Center for Urban History im Aufbau von kompakten ukrainischen Institutionen spielen dabei eine wichtige Rolle. Das Wiener Institut für die Wissenschaften vom Menschen begleitete die Gründung von INDEX, einem neuen Institut für Dokumentation und Austausch. Programmatisch ist die Entscheidung, INDEX auch in Zeiten des Kriegs in Lwiw als ukrainische Institution zu gründen und Ressourcen aus der Europäischen Union unmittelbar in die Ukraine zu verlagern.

Einer ähnlichen Logik folgte das Berliner Wissenschaftskolleg, das bereits 2023 mit Mitteln der Volkswagenstiftung in Kooperation mit einer Vielzahl von Partnern ein Virtual Ukraine Institute for Advanced Study gründete, das bis zu dreißig Stipendien pro Jahr vergibt, die an unterschiedlichen Standorten wahrgenommen, aber explizit auch in der Ukraine angetreten werden können. Noch bevor das Institut seine Arbeit nach Kriegsende in Kyjiw aufnehmen wird, gibt es dort ein Büro des Programms. Es folgte die Max Weber Stiftung mit der Gründung einer Außenstelle in Lwiw, die zunächst von Bonn aus betrieben werden soll.

Damit entstehen in dieser vierten Phase neue Modi der wissenschaftlichen Kooperation, die die weiterhin bestehende Ungleichheit zwischen den Ressourcen im östlichen und westlichen Europa nicht auflösen. Die Impulse für neue Formate der Zusammenarbeit sowie die Kraft und Ausdauer der ukrainischen Wissenschaftlerinnen angesichts des Krieges werden diese Asymmetrie jedoch verringern.

## (V)Erträumte Rechtssubjekte

*Von Jann Maatz*

### Apollon und Dionysos

Die Diskussion über ökologische und elektronische *Personen* als Rechtssubjekte floriert, wie anhand der zahllosen Monografien hierzu und kritischer Erwiderungen zu erkennen ist,[1] und steckt doch fest.[2] Kann eine nichtmenschliche Entität eine *Person* sein, obwohl der Mensch doch schon eine Person ist? Anthropomorphisieren wir Flüsse, Flora und Fauna, Maschinen und Dinge oder entmenschlichen wir uns selbst, wenn wir jenen Entitäten rechtliche Personalität zuschreiben?[3] Diese »Anthropomorphisierungsdebatte« ist nicht neu und fand mit umgekehrten Vorzeichen schon im theologischen Kontext statt. Ist

Gott eine Person oder besser drei Personen als Vater, Sohn und Heiliger Geist, wenngleich wir Menschen doch Personen sind? Anthropomorphisieren wir damit nicht Gott, wenn der Mensch aber nur nach seinem Ebenbild geschaffen wurde, der Mensch also nicht Gott und Gott nicht Mensch ist? »Denn er [Gott] ist nicht ein Mensch wie ich, dem ich antworten könnte, daß wir miteinander vor Gericht gingen.« (Hiob 9, 32)

Anstatt immer wieder die gleiche Frage zu stellen, wer alles eine Person sein kann, sollten das Problem und die Frage reformuliert werden. Zu beantworten wäre dann, wer alles innerhalb des Rechts als gesellschaftlichem System eine Person *haben* kann?[4] In anderen Worten: »Unter welchen Bedingungen konstruiert ein Sozialsystem, also ein geschlossenes und autonomes Ensemble rekursiver Kommunikationen, das sich in der Umwelt der betroffenen Einheit befindet, das semantische Artefakt eines ›Akteurs‹?«[5] Doch um diese Reformulierung und den damit verbundenen Perspektivwechsel nachzuvollziehen, müssen wir uns in einem ersten Schritt aus dem System »Recht« entfernen, um uns ihm im Anschluss an die Analyse

1 Paradigmatisch Andreas Gutmann, *Hybride Rechtssubjektivität. Die Rechte der »Natur oder Pacha Mama« in der ecuadorianischen Verfassung von 2008.* Baden-Baden: Nomos 2021; Dimitrios Linardatos, *Autonome und vernetzte Aktanten im Zivilrecht. Grundlinien zivilrechtlicher Zurechnung und Strukturmerkmale einer elektronischen Person.* Tübingen: Mohr Siebeck 2021.

2 Jann Maatz, *Deanthropozentrierte Rechtssubjektivität. Zur Expansion des menschlichen Körpers am Beispiel des deliktsrechtlichen Persönlichkeitsschutzes.* In: *Zeitschrift für Geistiges Eigentum,* Nr. 16/4, 2024.

3 Zu entsprechenden Bedenken etwa Udo Di Fabio, *Metamorphosen der Zurechnung. Droht der Verlust personaler Rechtssubjektivität?* In: *Juristenzeitung,* Nr. 75/22, 2020; dagegen jüngst Malte-Christian Gruber / Jann Maatz, *Nichtmenschliche Zurechnungssubjekte. Zur Deanthropozentrierung privatrechtlicher Verantwortung.* In: *Rechtsphilosophie,* Nr. 11/1, 2025.

4 Zu diesem reizvollen Perspektivwechsel Christian von Bar: »Es wäre tunlich gewesen, über die Frage nachzudenken, ob der Mensch eine Person ›hat‹ oder ob er eine Person ›ist‹. Denn wer sich für die erste Option entscheidet, bekommt ein deutlich analysetauglicheres Instrument in die Hand als das, das die zweite anzubieten hat.« Rezension von Jens Eisfeld u.a. (Hrsg.), *Zivilrechtswissenschaft. Bausteine für eine Zivilrechtstheorie.* In: *Rabels Zeitschrift,* Nr. 88/2, 2024.

5 Gunther Teubner / Peer Zumbansen, *Rechtsentfremdungen: Zum gesellschaftlichen Mehrwert des zwölften Kamels.* In: *Zeitschrift für Rechtssoziologie,* Nr. 21/1, 2000.

wieder zu nähern. Ein Problem des Rechts kann nicht auf dem Boden des Rechts erkannt werden.

Im fünften Aphorismus von *Menschliches, Allzumenschliches I* schreibt Nietzsche: »Im Traume glaubte der Mensch in den Zeitaltern roher uranfänglicher Cultur eine *zweite reale Welt* kennen zu lernen; hier ist der Ursprung aller Metaphysik. Ohne den Traum hätte man keinen Anlass zu einer Scheidung der Welt gefunden.« Metaphysik ist mit Nietzsche Beobachtung, ist Deutung einer anderen Welt, mit dem für Träume eigentümlichen Abstand. Eine Welt, die nicht exakt die ist, in der sich der materielle Körper des träumenden Menschen befindet, und dennoch real erfahrbar, eine »zweite reale Welt«. In ihr verarbeitet der Träumer, erkennt Muster und Wege seines Lebens. Im Traum sieht man zu, um sich aus dem Gesehenen das Leben zu deuten.

Die Traumwelt ist »Kunstwelt«, die sich von der Lebenswelt mit ihren zum Teil unverständlichen Ereignisfolgen, merkwürdigen Handlungszusammenhängen und überfordernden Verantwortungszumutungen unterscheidet. Das Leben wird oftmals erst verständlich, wenn man von Zeit zu Zeit aus ihm verrückt und »anderswo« ist. Unser Traum ist dieses ursprüngliche »Anderswo«: »das Vorbild der plastischen Kraft: ausdrücklich werdendes Sein jenseits des Seins im Werden, wie es gelebt werden muß«.[6]

Der Reiz dieses Anderswoseins liegt darin, dieser Welt nicht hilflos ausgeliefert zu sein, sondern sie selbst (mit)gestalten zu

können, weil man sich des Träumens bewusst ist. Und braucht man nicht zwingend eine zweite reale Welt, so doch aber die eigene Welt in anderer Hinsicht, von einem anderen Standpunkt aus, damit das Leben verständlich, deutbar, erkennbar ist. Die Schönheit der Natur erkennt man oftmals erst auf einem Gemälde, den Sinn der Verworrenheit menschlicher Lebenswege durch das Lesen von Hermann Hesse und den fürchterlichen Eindruck der Justiz und hierarchischer Strukturen auf ihr ausgelieferte Individuen durch Franz Kafkas Romane. Hier ähneln sich Traum und Kunst.

Die Künstlerin, ob malend, schreibend oder komponierend, geht auf Abstand von der Welt und doch nicht auf unerreichbare Distanz einer alles überblickenden Beobachterin, ist doch der Schaffungsprozess selbst bedingt durch die Situation der Welt, von der sie sich zu entfernen sucht. Traum und Kunst sind »vermittelte Unmittelbarkeit«, sie brauchen das Leben als Fundament, von dem aus sie abheben können. Anhand des Metaversums, des Web 3 und Web 4.0 lässt sich gerade das Erschaffen neuer, anderer Welten, weiterer Realitäten miterleben. Wir erhalten Zugang zu einem Multiversum, zu zahllosen Parallelwelten und -realitäten, die es zu erfahren, deuten und beobachten gilt. Das Betreten anderer Welten und Realitäten kann als Chance begriffen werden, Muster, Funktionen und Fehlfunktionen zu erkennen, zu deuten, um sie in der anderen, in der »eigenen Welt« besser zu verstehen, oder sogar zum Besseren zu ändern.

---

6  Zum Ganzen Günter Figal, *Nietzsche. Eine philosophische Einführung*, Stuttgart: Reclam 1999.

*»Rechtswelt« als »Kunstwelt«*

Dass es sich bei der »Rechtswelt« oder eher »Rechtswelten« ebenso um künstlich geschaffene Alternativrealitäten handelt, die nicht bloß die »Realität des Lebens« widerspiegeln, wobei die eigene Realität nicht als ontologische unveränderliche Tatsache zu verstehen ist, sondern vielmehr als Produkt der Konstruktion eines Beobachters selbst (Dürrenmatt), soll hier anhand von zwei Beispielsfällen illustriert werden.

Als erstes Beispiel dient uns die von Luhmann nacherzählte Geschichte vom »zwölften Kamel«.[7] Verkürzt: Ein Mann stirbt und hinterlässt drei Söhne und elf Kamele, die unter den Söhnen aufgeteilt werden sollen, wobei auf den ältesten Sohn die Hälfte, auf den mittleren Sohn ein Viertel und auf den jüngsten Sohn ein Sechstel der Kamele verteilt werden sollen. Die aufmerksame Leserin, die heimlich mitrechnet, bemerkt, dass der Verstorbene nur elf Zwölftel, als Dezimalzahl nur 10,083 Kamele, von den eigentlich vorhandenen elf Kamelen unter den Söhnen aufgeteilt hat. Der mit dem Rechtsstreit betraute Richter sagte zu den Söhnen, die kein Interesse an einer Aufteilung des übrig gebliebenen Kamels hatten, dass er selbst ein Kamel besäße und es den Söhnen zur Aufteilung leihen würde. So erhielt, von den nunmehr zwölf Kamelen entsprechend der letztwilligen Bestimmung des Vaters, der Älteste sechs Kamele, der Mittlere drei und der Jüngste zwei. Ob der Richter das zwölfte Kamel nun tatsächlich besaß oder nicht,

bleibt unbeachtlich, da nun die elf Kamele vollständig aufgeteilt waren.[8]

Ein anderes Beispiel dürfte all denjenigen, die einmal Jura studiert haben, noch aus der Sachenrechtsvorlesung bekannt sein: der sogenannte Durchgangserwerb und die juristische, früher noch: »logische« Sekunde. Hat sich der Verkäufer einer Sache das Eigentum unter der Bedingung der vollständigen Kaufpreiszahlung vorbehalten, erwirbt der Käufer zunächst nur ein Anwartschaftsrecht an der Kaufsache, erhält diese jedoch regelmäßig zum eigenen Gebrauch. Wird die Sache nun vom Käufer weiterveräußert und der ursprüngliche Kaufvertrag damit refinanziert und die ausstehende Kaufpreisforderung beglichen, erwirbt nicht automatisch der letzte Erwerber dieser Veräußerungskette das Eigentum an der Sache, sondern zunächst der Ersterwerber für die gesamte Dauer einer juristischen Sekunde, die immerhin so lang sein kann, dass innerhalb dieser Zeitspanne sämtlichen Gläubigern des Ersterwerbers an der Sache ein Pfandrecht entstehen kann und der Letzterwerber somit immer nur belastetes Eigentum an der Sache erwirbt. So eine juristische Sekunde kann je nach Gläubigeranzahl des Ersterwerbers ganz schön lang werden.[9]

Diese Vorgänge muten seltsam an und haben ihren Grund in der Unfähigkeit des Rechts, ohne das Erzeugen von Fiktionen,

---

7    Niklas Luhmann, *Die Rückgabe des zwölften Kamels. Zum Sinn einer soziologischen Analyse des Rechts*. In: *Zeitschrift für Rechtssoziologie*, Nr. 21, 2000.

8    § 2089 BGB kodifiziert diese Vorgehensweise: »Sollen die eingesetzten Erben nach dem Willen des Erblassers die alleinigen Erben sein, so tritt, wenn jeder von ihnen auf einen Bruchteil der Erbschaft eingesetzt ist und die Bruchteile das Ganze nicht erschöpfen, eine verhältnismäßige Erhöhung der Bruchteile ein.«

9    Kritisch Wolfgang Marotzke, *Die logische Sekunde – ein Nullum mit Dauerwirkung?* In: *Archiv für die civilistische Praxis*, Nr. 191/3, 1991.

die es selbst wiederum als harte Realitäten begreifen muss, soziale Konflikte zu schlichten. Das Recht muss sich von den Konflikten »entfernen, bis [es] Vieles von ihnen nicht mehr sieht und Vieles hinzusehen muss, *um sie noch zu sehen*«,[10] um sie in ihren eigenen Operationen überhaupt verstehen und lösen zu können. Es muss eine Welt erzeugen, in der der Richter wirklich ein Kamel im Vorgarten stehen hat, um es bereitwillig zu verleihen und in der der Ersterwerber sich mit jedem seiner Gläubiger über jede neue Pfandrechtsbestellung an der von ihm gekauften Sache geeinigt hat, bevor er diese an den Letzterwerber weiterveräußert und das alles innerhalb einer Sekunde.

Das Recht muss träumen, muss Kunstwelten erzeugen, um einen Konflikt zu rekonstruieren und aufzulösen. Es muss seine eigene Traumwelt für die reale Welt und einzig mögliche Deutung der Realität halten, um in ihr wirken zu können. Dabei muss es nicht nur Kamele und Pfandrechtsbestellungen als Objekte fingieren, sondern auch seine in ihr *handelnden Subjekte*, die Personen des Rechts. Nach den traditionellen Deutungen ist der Mensch als Selbstzweck betrachtet das einzig in Frage kommende Rechtssubjekt, nur der Mensch ist in »Wahrheit« Person. Befragt man Nietzsche danach, was die Wahrheit ist, antwortet er, als hätte er von der Deutung des Menschen als einziges Rechtssubjekt gehört. Sie sei »ein bewegliches Heer von Metaphern, Metonymien, Anthropomorphismen kurz eine Summe von menschlichen Relationen, die, poetisch

www.klett-cotta.de

Volker Weiß
**Das Deutsche
Demokratische Reich**
Wie die extreme Rechte
Geschichte und Demokratie
zerstört

288 Seiten, gebunden mit
Schutzumschlag
ISBN 978-3-608-96667-1
€ 25,– (D) / € 25,70 (A)

---

10 Friedrich Nietzsche, *Die fröhliche Wissenschaft.* In: Colli / Montinari (Hrsg.), *Kritische Studienausgabe.* Bd. 3. Berlin: de Gruyter 1988.

und rhetorisch gesteigert, übertragen, geschmückt wurden, und die nach langem Gebrauche einem Volke fest, canonisch und verbindlich dünken: die Wahrheiten sind Illusionen, von denen man vergessen hat, dass sie welche sind«.[11]

Der Mensch betritt die Bühne des Rechts nicht als Mensch. Im Theaterstück des Rechts spielen Menschen keine Rolle, nicht einmal als Statisten. Die Protagonisten sind die Personen. »Person« begriffen in seiner ursprünglichen Bedeutung als Theaterrolle, als Maske, hinter der sich die Schauspielerin verbirgt, gleich einem Avatar, dessen Grafikfigur einem Internetbenutzer in der virtuellen Welt zugeordnet wird, der es ihm ermöglicht, sich in Pandora, im Italien des 15. Jahrhunderts, in Mittelerde aufzuhalten und zu handeln.

## Mensch sein und Person haben

Dass der Begriff der »Person«, die Person an sich, das wesentlichste Institut, der wesentlichste Grundbegriff des Rechts und des Richtens und ihre Bedingung ist, wurde schon früh deutlich: »Du sollst das Recht nicht beugen und sollst auch keine Person ansehen« (5. Mose 16, 19), »Die Person ansehen im Gericht ist nicht gut« (Sprüche 24, 23).

Die Person ist konstitutiv für das Recht, das Recht ist auf die Person anwendbar, doch die Person soll nicht angesehen werden, wenn sie gerichtet wird. Gott gebietet die Ansehung des Menschen, um ihn zu richten, denn blickte man nur auf die Person des Menschen, ginge etwas verloren:

das Menschliche. »[W]ir wissen, dass du die Wahrheit sagst und wahrhaftig den Weg Gottes lehrst und auf niemanden Rücksicht nimmst, denn du siehst nicht auf die Person des Menschen« (Matthäus 22, 16). Eine »juristische Person« gleicht einem »Menschen-Klumpen«, schreibt Nietzsche in einem Aphorismus über die »Rechtlichkeit« in *Menschliches, Allzumenschliches*.

Wer sich an rechtliche Gebote zu halten vermag, ist noch lange nicht »Mensch«, sondern nur »juristische Person«. Wer Mensch ist, wer Person ist, ist nicht kraft Natur der Sache beides zugleich. Nicht umsonst zeichnen neuere Sozialphilosophien die Rechtssubjektwerdung des Menschen als entmenschlichenden Prozess. »Das Recht fabriziert Subjekte, die ideologisch verblendet, emotional verarmt, kommunikativ ausgedörrt und politisch passiviert sind.«[12] Der Personifizierungsprozess gleicht der Exekutionsmaschine in Kafkas *Strafkolonie*. Der Mensch muss erst getötet werden, indem ihm das Gesetz in Fleisch und Blut tätowiert wird, ehe am »Ende dieses ungeheuren Prozesses«[13] nur noch das rechtliche Subjekt, die »juristische Person« übrig bleibt.

Menschen und Personen entsprechen einander nicht, wozu auch? Würden sich Menschen und Personen begrifflich entsprechen, bedürfte es letzterer Kategorie gar nicht erst.[14] Veraltete Rechtstheorien,

---

11  Friedrich Nietzsche, *Ueber Wahrheit und Lüge im aussermoralischen Sinne*. In: Colli/Montinari (Hrsg.), *Kritische Studienausgabe*. Bd. 1.

12  Daniel Loick, *Juridismus. Konturen einer kritischen Theorie des Rechts*. Berlin: Suhrkamp 2020.

13  Friedrich Nietzsche, *Zur Genealogie der Moral*. In: Colli/Montinari (Hrsg.), *Kritische Studienausgabe*. Bd. 5.

14  Roberto Esposito, *Person und menschliches Leben*. Übersetzt von Federica Romanini. Zürich: diaphanes 2010.

die von einer Deckungsgleichheit der Begriffe ausgingen und dies konsequent fortführten, sprachen davon, dass es Unrecht sei, schlichtes Nichtrecht, wenn Stiftungen und Unternehmen als »juristische Personen« behandelt würden.[15] Eine Theorie, die das rechtliche Handlungsvermögen von Korporationen als rechtliches Faktum nicht einmal zu erfassen vermag, muss als nutzlos angesehen werden und bedarf hier keiner weiteren Berücksichtigung.

Die Abstraktionsebene des Rechts bedingt, dass viele Eigenschaften des Menschen nicht mehr gesehen, während nicht vorhandene Eigenschaften dazugedacht werden müssen, um das, was mal Mensch war, als rationalen Akteur, als *homo juridicus*, als Person *für wahr* zu nehmen. Das System allein bestimmt, welche Eigenschaften es exkludiert und welche Nichteigenschaften es inkludiert und seinen Subjekten zurechnet, um sich diese so zu bauen, wie es dem System am ehesten nützt.[16] Aus diesem Grund können Menschen und Personen einander auch nicht entsprechen.

So lässt sich auch Nietzsches über sein ganzes Werk verteiltes »Drama der Verantwortung« lesen,[17] zumindest mit einer rechtstheoretischen Brille: »Die völlige Un-verantwortlichkeit des Menschen für sein Handeln und sein Wesen ist der bitterste Tropfen, welchen der Erkennende schlucken muß, wenn er gewohnt war, in der Verantwortlichkeit und der Pflicht den Adelsbrief seines Menschentums zu sehen« *(Menschliches, Allzumenschliches)*. Ist der Mensch nicht von sich aus verantwortlich, vielmehr völlig unverantwortlich, während die Verantwortung als Zurechnung einer Verpflichtung auf einen gesellschaftlichen Anspruch aus sozialanthropologischer Sicht eine Schlüsseloperation eines jeden Gesellschaftssystems ist,[18] muss er verantwortlich *gemacht* werden. Verantwortlich-Machen setzt die Personifizierung der verantwortlich zu machenden Entität voraus, denn nur die »Person ist dasjenige Subject, dessen Handlungen einer Zurechnung fähig sind«.[19]

Ursache und Wirkung werden im Personifizierungsprozess seit der Moderne gerne vertauscht: Die Zurechnung erfolgt nicht deshalb, weil die Entität (der Mensch), frei *ist*, sondern weil er als frei *betrachtet* wird. Diese luzide Erkenntnis repliziert Kelsen auf die kantische Imputabilitätslehre: »Dem Menschen wird nicht darum zugerechnet, weil er frei ist, sondern der Mensch ist frei, weil ihm zugerechnet wird.«[20] Die Rechtsperson hat nur die Eigenschaften (Personalität), die sie als Subjekt des Rechts benötigt beziehungs-

15  Beispielsweise Ulrich von Lübtow, *Zur Theorie des Rechtssubjektes und ihrer geschichtlichen Entwicklung*. In: Dietrich Bickel u.a. (Hrsg.), *Recht und Rechtserkenntnis. Festschrift für Ernst Wolf zum 70. Geburtstag*. Köln: Carl Heymanns 1985.

16  Michael Hutter/Gunther Teubner, *Der Gesellschaft fette Beute. Homo juridicus und homo oeconomicus als kommunikationserhaltende Fiktionen*. In: Peter Fuchs/Andreas Göbel (Hrsg.), *Der Mensch – das Medium der Gesellschaft?* Frankfurt: Suhrkamp 1994.

17  Jacek Filek, *Das Drama der Verantwortung bei Friedrich Nietzsche*. In: *Archiv für Begriffsgeschichte*, Nr. 43, 2001.

18  Julia Eckert, *Tugend, Recht und Moral: Tendenzen der Verantwortungszuschreibung*. In: *Deutsche Zeitschrift für Philosophie*, Nr. 64, April 2016.

19  Immanuel Kant, *Metaphysik der Sitten*, AA VI, 223.

20  Hans Kelsen, *Kausalität und Zurechnung*. In: *Archiv für Rechts- und Sozialphilosophie*, Nr. 46/3, 1960.

weise die ihm zugeschrieben werden, während der Mensch mehr als ein normatives Erwartungsbündel ist. Und so schreibt Nietzsche in *Zur Genealogie der Moral*, wenn es um die Subjektwerdung, die Transformation des individuellen Menschen zur Person geht, von der Zucht eines Tieres, »das versprechen darf [...], das souveraine Individuum«. Und im Anschluss daran Maurizio Lazzarato in *Die Fabrik des verschuldeten Menschen: Ein Essay über das neoliberale Leben*: »Ein Tier darauf abzurichten, dass es etwas versprechen kann, setzt voraus, dass eine andere Aufgabe im Vorhinein bereits erledigt ist: nämlich ›den Menschen zuerst bis zu einem gewissen Grade notwendig, einförmig, gleich unter Gleichen, regelmäßig und folglich berechenbar zu *machen*.‹«

Personen müssen berechenbarer, müssen stabiler sein als Menschen, der Mensch bedarf für das Rechtssystem einer »Charaktermaske« (Marx), seiner Rollenzuschreibung. Nur Rechtssubjekten ist es gestattet und möglich, innerhalb der Welten des Rechts zu *handeln*. Als Handlung erscheint dabei jedoch nur das, was das Rechtssystem als Handlung zulassen möchte. »Die Sinneinheit Handlung wird als Synthese von Reduktion und Öffnung für Auswahlmöglichkeiten konstituiert. Das festzuhalten und anschlußfähig zu reproduzieren, ist ihre Funktion [...] Handlung ist auf Systeme zugerechnete Selektion.«[21]

Diese selektiv zugeschriebene Handlungskompetenz durch die rechtliche Personifizierung einer Entität dient letztlich der Stabilisierung des erwartbaren und zu erwartenden Verhaltens. »Um jedoch stabile Bedingungen für die Teilnahme der verschiedenen Subjekte an den Rechtsverhältnissen zu schaffen, macht es sich erforderlich, die Bürger und Organisationen mit besonderen ständigen Eigenschaften auszustatten und im Voraus bestimmte Bedingungen zu schaffen, die es ihnen ermöglichen, an den Rechtsverhältnissen frei teilzunehmen. Das Bestehen solcher ständigen Bedingungen oder Eigenschaften, die den Bürgern und Organisationen vom Staat eingeräumt werden und die im Gesetz niedergelegt sind, bedeutet, daß die betreffende Person oder Organisation als *Rechtssubjekt* anerkannt wird, und die Eigenschaften des Rechtssubjekts wiederum bilden das, was man als *Rechtssubjektivität* bezeichnet.«[22]

Die Konstitution seiner Subjekte ist dabei nicht nur Teilnahmekompetenzzuschreibung, sondern vor allem die wesentlichste selbsterhaltende Operation des Rechts zur Steigerung der eigenen Normproduktion: Das Recht konstituiert Rechtssubjekte, die Recht reproduzieren, indem Normen auf ihre Handlungen angewandt werden. Das Recht konstituiert Recht durch die Konstitution von Rechtssubjekten. Hierin liegt die eigentümliche Kraft des Rechts.[23] »Ohne Person gäbe es keine Rechte [...] Die Person ist das Recht als Subjekt [...] das Recht in seinem Anfang.«[24]

---

21  Niklas Luhmann, *Soziale Systeme. Grundriß einer allgemeinen Theorie*. Frankfurt: Suhrkamp 1984.

22  Autorenkollektiv, *Marxistisch-leninistische allgemeine Theorie des Staates und des Rechts: Das sozialistische Recht*. Bd. 4. Berlin: Staatsverlag der Deutschen Demokratischen Republik 1976.

23  Andreas Fischer-Lescano, *Rechtskraft*. Köln: August Verlag 2013.

24  Eduard Gans, *Naturrecht. Vorlesungsnachschrift – Winter 1828 bis Ostern 1829*. In: Ders., *Philosophische Schriften*. Hrsg. v. Horst Schröder. Berlin: Akademie 1971.

Das Subjekt wird während dieses Prozesses selbst zur Norm stilisiert, indem Rollenerwartungen in das Subjekt gelegt werden, denen es zu entsprechen hat, während es diese zugleich selbst verkörpert. Die Person wird zum kontrafaktischen Faktum. Der Mensch ist nicht Person, er kann noch nicht einmal Person werden, indessen eine Person haben. Eine Person im Sinne einer rechtlichen Adresse, ein normativer »Endpunkt der Zurechnung« (Kelsen) von Ereignissen als Verhaltensäußerung eines einzelnen Subjekts.

Ereignisse in den sozialen Umwelten werden nach dem Inklusionsschema der rechtlichen Verantwortungszurechnung dann an eine Entität adressiert, wenn von diesen negative Umwelteinflüsse ausgehen. Die Konstruktion der Zurechnung kehrt Ursache und Wirkung um: Die Ursache, die in dem Bedürfnis des Rechts liegt, etwas oder jemanden zur Steigerung der Normproduktion für eine Handlung verantwortlich zu machen, wird in das Individuum oder die Korporation gelegt. In diesem Sinne haben auch Unternehmen nur eine Person, sie sind keine, ebenso wenig wie der Mensch eine ist.

Das nimmt der moralisch aufgeladenen Debatte um die Entmenschlichung des Menschen durch die rechtliche Personifizierung von Flora und Fauna und Maschinen letztlich ihre Brisanz. Es wäre viel eher systemrational, zuzulassen, dass durch eine Künstliche Intelligenz verursachte schädigende Ereignisse dieser zugerechnet werden können, indem man sie mit einer rechtlichen Adresse ausstattet, eben mit einer Person. Das altbekannte Sprichwort:

»Ubi non accusator, ibi non iudex!« (»Wo kein Kläger, da kein Richter!«) ist zu ergänzen: »Ubi non reus, ibi non iudex!« (»Wo kein Angeklagter, da kein Richter!«)

## Luzides Träumen

Der Therapievorschlag für die Juristinnen und Juristen lautet nicht »Wacht endlich auf!«, sondern »Träumt weiter, aber träumt luzide!« Seid euch des Traumes und seiner Fähigkeit zur Erzeugung künstlicher Rechtswelten und der in ihnen handelnden Akteure bewusst. Metaphysiert die Person nicht, wie es die europäische Moderne tat, oder sprecht gar von der »Entdeckung der Person«.[25] Die Person ist eure »Erfindung«, deren Wiedererfindung an der Zeit ist, um auf neuartige Umweltbedürfnisse und Risiken zu reagieren, letztendlich ist das Recht um des Menschen willen, zu dessen Schutz da. Wenn tradierte rechtliche Schutzmechanismen des Menschen aufgrund der immer weiter voranschreitenden Erderwärmung und den damit einhergehenden Umweltkatastrophen und der immer weiter voranschreitenden Digitalisierung und den damit ungeahnten Risiken einer Verselbständigung von Technik versagen, sollten wir dann nicht mit neuartigen Lösungen experimentieren? Die rechtliche Personifizierung von nichtmenschlichen Entitäten, die weniger dramatische Implikationen beherbergt, als ihre Kritiker meinen, könnte eine solche neuartige Lösung sein. *Aude somniare!*

25 Theo Kobusch, *Die Entdeckung der Person. Metaphysik der Freiheit und modernes Menschenbild.* Freiburg: Herder 1993.

## Ein christliches Tetragramm

*Von Eckhard Nordhofen*

**F**rankfurt, die kleine multikulturelle Metropole des Kapitalismus, produziert weiß Gott sonst andere Nachrichten. Dass hier, genauer in der freventlich überbauten ehemaligen Römerstadt Nida, der erste bisher bekannte Christ nördlich der Alpen begraben lag, musste freilich die immer latente Lust der Stadt, sich zum Schauplatz einer Sensation zu machen, reizen. Oberbürgermeister Mike Josef (SPD), ein syrischer Christ, trat vor die Presse, die *FAZ* brachte die Meldung gleich mehrfach. Im Feuilleton kam es zu einer lebhaften Debatte.

Gefunden worden war ein Skelett in einem Grab, das anhand der beigegebenen Keramik sehr sicher auf einen Zeitraum von 230 bis 260 nach Christus datiert werden konnte. Dass sich am Hals des Skeletts ein Amulett, eine Silberkapsel fand, war gewiss bemerkenswert, aber zunächst nicht ungewöhnlich. Solche Talismane oder Phylakterien waren in der Antike weit verbreitet.

In der nur 35 Millimeter großen Kapsel steckte eine hauchdünne, zusammengerollte Silberfolie. Hätte man sie aufgerollt, wäre sie zerbröselt. Birgit Schwahn, Restauratorin am Archäologischen Museum Frankfurt, setzte auf die neue Spitzentechnik des Mainzer Leibniz-Zentrums für Archäologie (LEIZA). Ohne die Folie physisch anzutasten, gelang es durch eine computertomografische 3-D-Aufnahme die ungelenke Gravur lesbar zu machen – ein archäologisches Meisterstück. Ein ebensolches lieferte Markus Scholz, Professor für provinzialrömische Archäologie an der Goethe-Universität, mit seiner Transkription und Übersetzung. Hier die achtzehn Zeilen der bis auf drei wichtige Ausnahmen lateinischen Inschrift:

1 (in nomi?) NE SANCTI TITI (Im Namen?) des Heiligen Titus
2 AGIOS AGIOS AGIOS Heilig, heilig, heilig
3 IN NOMINE *IHXP* DEI F(ilii) Im Namen Jesu Christi, Gottes Sohn
4 (m) VUNDI DOMINUS Der Herr der Welt
5 (reg? oder vir?) IBUS widersetzt sich nach (Kräften?)
6 (oc- oder recu) RSIONIBVS OP(p)ONIT allen Anfällen (?) / Rückschlägen(?)
7 (de?) VS VALETUDINIBVS Der Gott (?) gewährt dem Wohlbefinden
8 SALVIS ACCESSVM Eintritt
9 (pra) ESTAT HAEC SAL(us?) TVEAT Dieses Rettungsmittel schütze
10 (h)OMINEM QVI SE den Menschen, der sich
11 DEDIT VOLVNTATI hingibt dem Willen
12 DOMINI *IHXP* TI DEI F(ilii) des Herrn Jesus Christus, Gottes Sohn
13 QVONIAM *IHXP* O da sich ja vor Jesus Christus
14 MNES (T) [sic!] GENVA FLEC alle Knie beu-
15 TENT CAELESTES gen: die Himmlischen,
16 TERRESTRES ET die Irdischen und
17 INFERI ET OMNIS LIN die Unterirdischen und jede Zunge
18 CVA CONFITEATVR bekenne sich [zu Jesus Christus].[1]

---

1 Hervorhebungen durch den Autor

In einer Zeit, in der die meisten Amulette synkretistisch waren, sind diese Zeilen fast ein Jahrhundert vor der konstantinischen Wende unzweifelhaft christlich. Christoph Markschies gab zusammen mit Peter Schäfer in der *FAZ* vom 10. Februar 2025 einen ausführlichen Überblick über die spätantike Verbreitung von Amuletten und warnte davor, vom Inhalt der Schrift auf den Glauben des Menschen zu schließen, in dessen Grab man es gefunden hat. Hartmut Leppin, der für das frühe Christentum ausgewiesene Historiker,[2] hatte indes schon lange die Behauptung des Kirchenvaters Irenäus von Lyon, es habe im 3. Jahrhundert auch im römischen Germanien schon Christen gegeben, für wahrscheinlich gehalten. Das ließ sich nun schriftlich belegen.

Auch der Auftakt der Schrift mit dem Trishagion, dem »heilig, heilig, heilig«, das als liturgische Formel im »Sanctus« der Messliturgie noch heute lebendig ist, war bisher erst drei Jahrhunderte später erstmals bezeugt. Die Inschrift zitiert es auf Griechisch wie eine Zauberformel, schreibt es aber in lateinischen Buchstaben.[3] Trierer Lokalpatrioten, die ihr Patent auf den ersten Christen nördlich der Alpen verteidigen wollten, verwiesen auf Eucharius, den legendären ersten Bischof von Trier, der in der zweiten Hälfte des 3. Jahrhunderts das älteste Bistum Deutschlands gegründet haben soll. Einen vergleichbaren Beleg hat man dort aber nicht.

Wieder einmal heißt es also: Die Geschichte muss neu geschrieben werden, diesmal durchaus zu Recht.

### Die Mediengeschichte des Monotheismus

So wichtig die Frankfurter Silberschrift für die Datierungen der Historiker des frühen Christentums ist, ihre Bedeutung für die Mediengeschichte des Monotheismus ist kaum zu überschätzen. Sie wird allerdings erst auf den zweiten Blick sichtbar. Ein Amulett, das Gutes bewirken und apotropäisch alles Böse fernhalten soll, braucht einen Kraftquell, muss Zauberkräfte entfalten und spirituell aufgeladen sein. Auf dem Körper getragen, sorgt es für die Gegenwart dessen, wofür es steht. Kaum etwas eignet sich für solche spirituellen »Präsentifikationen« (Jan Assmann) so gut wie ein Name. Das hat schon Rumpelstilzchen gewusst und deshalb versucht, den seinen geheimzuhalten. In Fluch- und Segensformeln wird mit dem Namen der, die, das mit ihm Benannte herbeigezaubert und präsent gemacht.

Dass auf der Silberfolie der Name Jesu in die formale Gestalt des alttestamentlichen Gottesnamens JHWH eintritt, ist alles andere als trivial. Damit wird der Frankfurter Fund zu einem aufschlussreichen Dokument des monotheistischen Namenskults. Dieser steht im Mittelpunkt des großen Medienwechsels, mit dem den nach Babylon verschleppten Judäern der Durchbruch zu einem exklusiven Monotheismus gelang.

2  Vgl. Hartmut Leppin, *Die frühen Christen. Von den Anfängen bis Konstantin*. München: Beck 2018.

3  Die Datierung betrifft die liturgische Formel, die ihre biblischen Vorbilder bei Jes 6,3 und Offb 4,8 hat.

*Die Persistenz der Kulte*

Inzwischen gilt manchen die Behauptung des Ethnologen Frits Staal, in der Religionsgeschichte sei es noch nie vorgekommen, dass ein Ritual ersatzlos verschwunden ist, schon als eine Art Gesetz; mindestens aber ist es eine zutreffende Beobachtung. Staal hat vor allem in Indien reichlich Beispiele für diese Substitutionstheorie gesammelt.[4] Es gibt sie auch bei uns. Die Feste Christi Himmelfahrt und Allerheiligen im christlichen Kirchenjahr behalten ihren Platz im Kalender, bei vielen heißen sie aber inzwischen Vatertag und Halloween. Kulte und Riten verschwinden nicht, sie werden ersetzt oder überschrieben.

In der Entstehungsgeschichte des biblischen Monotheismus hat diese Kultpersistenz eine entscheidende Rolle gespielt. Die Kritik der aus Jerusalem nach Mesopotamien verschleppten Judäer an der Idolatrie, der Verehrung von Götterbildern, die sie an den Wassern von Babylon beobachten konnten, wäre folgenlos geblieben, wenn sie nicht das kritisierte Kultbild des Polytheismus durch ein anderes Kultmedium hätten ersetzen können.

Der Begriff »Idolatrie« wird meist und sogar mit einem gewissen Recht abschätzig gebraucht. Er enthält nämlich den Vorwurf, dass das dreidimensionale Idol die Differenz zwischen dem, was es ist, und dem, was es darstellt, unterschlägt. Das »Götzenbild« ist – so die biblische Standardformel – »von Menschenhand gemacht«. Daher nimmt die judäische Medienkritik diesen Herstellungsprozess aufs Korn. (Deutero)Jesaja schildert ihn (44,9–

20) Schritt für Schritt, durchaus polemisch und mit Lust am Detail: Der Baum, »den man stärker werden ließ als die anderen Bäume im Wald«, kann eine Zeder, eine Terebinthe oder ein Lorbeer sein. Mit seinem Holz macht man Feuer, brät einen Braten und wärmt sich daran. »Aus dem Rest des Holzes macht man sich einen Gott, sein Götterbild, vor das man sich beugt und niederwirft, zu dem man betet und sagt: Rette mich, du bist doch mein Gott.« (44,17)

*Der Medienwechsel: Grapholatrie statt Idolatrie*

Das neue Gottesmedium, das Israel an die Stelle des Kultbilds setzt, ist die Schrift. Auch sie hat die Qualität eines Kultobjekts. Das wird gerne übersehen. Auch wenn es üblich ist, die Tora, den kanonischen Kern des Alten Testaments und später die ganze Textsammlung der Bibel als »Heilige Schrift« zu bezeichnen, gilt das Interesse erst einmal dem, was sie aussagt, und kaum einmal den Riten und Praktiken, mit denen ihre Heiligkeit performativ zum Ausdruck gebracht wird. Dabei unterliegt schon die Herstellung und Aufbewahrung der Schriftrollen strengen Vorschriften. Im rabbinischen Judentum trägt sie der Fromme bis heute in einer Kapsel, den Tefillim, auf der Stirn, man befestigt sie als Berührungsreliquie, Mesusa, am Türpfosten etc.

Nach dem monotheistischen Medienwechsel tritt Grapholatrie (Schriftverehrung)[5] an die Stelle der Idolatrie. Die Heiligkeit des Textes ergibt sich aus den

---

4  Frits Staal, *The Meaninglessness of Ritual*. In: *Numen*, Nr. 26/1, Juni 1979.

5  Vgl. Eckhard Nordhofen, *Idolatrie und Grapholatrie*. In: *Merkur*, Nr. 791, April 2015.

Erzählungen des Buches Exodus über seine Entstehung. Deren Höhepunkt findet sich in Ex 31,18. Hier schreibt Gott selbst mit seinem Finger die Bundesurkunde auf steinerne Tafeln, den Rest hatte Mose auf dem Weg durch die Wüste in einem »Offenbarungszelt« niedergeschrieben, das er unterwegs, abseits vom Lager der Kinder Israels, aufgeschlagen hatte (Ex 33,7). Er war so etwas wie ein Sekretär Gottes, dessen Anwesenheit immer durch eine leuchtende, zugleich aber auch verhüllende Wolke vor dem Zelt angezeigt wurde.

Die Heilige Schrift als das neue Gottesmedium der bilderkritischen Judäer hatte als Kultobjekt einen entscheidenden erkenntnistheoretischen Vorzug: Anders als das Kultbild kann sie niemals mit dem, was sie darstellt, verwechselt werden. Sie ist das Medium der Differenz und der Referenz. Diesen entscheidenden Unterschied markiert kraftvoll das zweite Gebot des Dekalogs, das sogenannte Bilderverbot. Genau genommen bezieht es sich nur auf Kultbilder und nicht generell auf alle Bildnerei.

Den Höhepunkt der Tora bildet aber die Erzählung von der Offenbarung des Gottesnamens (Ex 3,15). Die innere Logik des Offenbarungsgedankens antwortet auf die Kritik an den selbstgemachten »Götzen«. Weil er von sich aus die Initiative ergreift, ist der nicht von Menschenhand gemachte Gott von ganz neuer Qualität. So wird er zum großen Gegenüber der Welt, zu ihrem Schöpfer, zur Wirklichkeit der Wirklichkeiten. Sein »Name« JHWH, »Ich bin da«, ist denn auch ein ontologisches Unikat, mediengeschichtlich ein lautloser Urknall in vier Buchstaben. Sie bilden einen sprachlogischen Singular ohne Parallele, eine Simultaneität von Präsenz und Vorenthaltung. JHWH, »Ich bin da« offen-

bart seine Existenz, verweigert aber jede Referenz in der empirischen Welt. Er ist da, aber nirgendwo zu besichtigen.

Seine empirische Präsenz beschränkt sich auf den »Namen«, das Tetragramm, also jenes Gebilde aus vier Buchstaben, das als Schrift niemals *ist*, was es bedeutet. Dieses Moment der Vorenthaltung ist kostbar. Aus ihm folgt sein Mysterium der Offenheit. Es verhindert, dass JHWH instrumentalisiert, ausgerechnet oder auf die eine oder andere Weise usurpiert werden kann. In dieser Einmaligkeit wird der »Name« überall im Alten,[6] aber auch im Neuen Testament angerufen und verehrt. Salomon baut ihm seinen Tempel, Jesus formuliert im Vaterunser »geheiligt werde dein Name« und verehrt ihn so im ehrerbietigen Passiv.

*Onomalatrie*

Der »Name« ist das Allerheiligste Israels. Kein frommer Jude nimmt ihn in den Mund. Diese Weigerung inszeniert treffsicher das Moment der Vorenthaltung. Wo er in den Schriften auftaucht, wird er durch »Adonai« oder einen anderen Platzhalter ersetzt. So wie Israels Grapholatrie, die Verehrung der Heiligen Schrift, zum Markenzeichen des biblischen Monotheismus dann auch im Christentum wird, so ist die Praxis der »Onomalatrie«, der Verehrung des »Namens«, durch die Israel seinen neuen, einzigen Gott verehrt, eine performative Darstellung, die seine Präsenz durch Aussparung und Umschreibung markiert. Die vier hebräischen Buchstaben JHWH bezeugen seine ubiquitäre Anwesenheit, seine Unsichtbarkeit markiert die

---

6  Im Alten Testament allein 6828 mal.

Vorenthaltung. Diese »Onomalatrie« ist der Glutkern der biblischen Grapholatrie. Der Begriff wird hier erstmals vorgeschlagen, um die Bedeutung des Namenskults herauszustellen.«[7]

*Ein neues Tetragramm*

Wie muss Paulus, dem frommen Juden und Schüler des Gamaliel, zumute gewesen sein, als er einen Hymnus, den er wohl nicht einmal selbst erfunden, sondern aus der liturgischen Praxis übernommen hat, in seinem Brief an die Philipper (2,6–11) feierlich aufrief. Wird in ihm mit der Formulierung »tò ónoma tò hypèr pãn ónoma« der »Name, der größer ist als alle Namen«, das Allerheiligste Israels, überschrieben?

Die Frankfurter Silberschrift legt diesen Gedanken zunächst nahe, denn sie zitiert den Philipper-Hymnus, fügt aber – und das macht sie so besonders – in ihren lateinischen Text den Namen, den der Hymnus in einem großen Superlativ preist, dreimal in einer »beschwörenden Wiederholung« (Markus Scholz) ein. Sie hebt ihn darüber hinaus graphisch durch die Schreibweise in griechischen Großbuchstaben eigens hervor. Aus (IH)SOUS (XP)ISTOS, (Jesus Christus) wird das Akronym IHXP. Es enthält das Bekenntnis, dass Jesus der Christus ist.

So ergibt sich ein neues Tetragramm, das nicht wie eine Überbietung, sondern wie eine präzisierende Ableitung aus dem alten erscheint. Denn dass sich aus dem Gottesnamen JHWH die Verheißung eines Christus ableiten lässt, ergibt sich aus seiner inneren Logik: Wenn der göttliche Name »für immer«, der genannt werden wird »von Geschlecht zu Geschlecht« (Ex 3,15), niemals und nirgendwo nicht da ist, warum soll uns seine allgegenwärtige Präsenz nicht auch einmal in einem Menschen – wo sonst – begegnen? Weil Israel auf einen solchen Messias (griechisch *Christos*) wartet, wird Jesus gefragt: »Bist du der, der da kommen soll?« (Mt 11,3)

Paulus war fest davon überzeugt, dass Jesus dieser erwartete Christus ist. Dass er den heiligen Gottesnamen des Alten Testaments überschreibt, soll diesen aber nicht verdrängen, denn der Hymnus setzt mit einer großen Gleichsetzung ein: »Er [Jesus] war Gott gleich, hielt es aber nicht für einen geraubten Besitz *(harpagmón)*, Gott gleich zu sein.« Diesen gottgleichen Gipfel verlassen und sich »leer gemacht« zu haben *(ekénosen)* »bis zum Tod am Kreuz« entbindet dann die Dynamik der großen Erhöhung, an deren zweitem Gipfelpunkt Jesus dadurch in die Herrlichkeit des Vaters einbezogen wird, dass ihm der Name verliehen wird, »der größer ist als alle Namen«.

Die Silberschrift zieht daraus die Konsequenz, dass sie diesem »Namen« die Gestalt eines neuen Tetragramms in griechischen Majuskeln gibt und damit kühn die Form des alten aufruft. Damit verstärkt sie die Botschaft des paulinischen Hymnus. Sie zitiert seinen feierlichen Schluss, der den Namen Jesu als »Namen über allen Namen« verherrlicht, vor dem jedes Knie sich beugen soll, das der »Himmlischen, der Irdischen und der Unterirdischen. Das bekenne jede Zunge.«

---

7   Griech. onoma = Name; latreia = Verehrung / Anbetung. Etymologisch ist »Onomalatrie«, wie schon »Grapholatrie«, eine Ableitung von »Idolatrie«, doch in beiden Fällen rein deskriptiv, ohne pejorative Bedeutung.

## Eine Reise

*Von Robin Detje*

Ich muss eine Reise antreten. Der Zeitpunkt ist denkbar schlecht. Vor Kurzem hat es beunruhigende politische Entwicklungen gegeben. Zuhause würde ich mich sicherer fühlen, aber für mich hängt viel von dieser Reise ab. Ich kann sie nicht absagen.

Am Tag vor der Fahrt sitzt im Café unter meinem Fenster ein Mann. Er erzählt einem anderen Mann mit ruhiger hoher Stimme, wie etwas Bestimmtes gelaufen ist. Es geht um die internen Abläufe einer Firma, und der Mann erklärt dem anderen, vermutlich einem Kollegen, dass er selbst alles richtig gemacht hat und ihm die Hände gebunden waren.

Ich werfe ein paar Kleidungsstücke in meinen kleinen Koffer, und immer wenn ich wieder ans Fenster komme, höre ich diesen Mann. Ich mache mir etwas zu essen, und eine halbe Stunde später sitzt er immer noch dort und redet in seinem Singsang über Dinge, die sich nicht ändern lassen. Ich habe Angst, dass er immer noch dort sitzt und sich rechtfertigt, wenn ich wiederkomme.

Am Morgen darauf nehme ich die Tram zum Hauptbahnhof. Neben mir drängeln sich Männergruppen, die das Wochenende über durchgesoffen haben und noch nicht wieder nüchtern sind. Es ist unnatürlich heiß, aber es ist jetzt schon so lange unnatürlich heiß, dass man es natürlich nennen muss. Die Reise wird acht Stunden dauern, sie führt mich in ein Nachbarland. Man hat mir ein Ticket für die Erste Klasse geschickt, und im ICE richte ich mich auf einem ungewohnt eckigen Sitz am Gang ein. Der Waggon wird von zwei Kindern beherrscht, die mit ihren Eltern einen Vierertisch besetzt haben und sich von dort aus mit all ihren Wünschen und Bedürfnissen ausbreiten. Ich kann nur warten, dass sie müde werden.

Die Landschaft vor dem Fenster ist flach und öde. Die Bäume sind Bäume, die Felder sind Felder, die wenigen Häuser sind Häuser aus Ziegeln. Die Windräder drehen sich langsam. Auf dem Gangplatz schräg vor mir sitzt ein junger Mann mit blonden Locken vor einem Laptop. Auf seinem Bildschirm sehe ich vertrauliche Dokumente eines großen internationalen Wirtschaftsprüfungsunternehmens. Eines davon betrachtet der Mann länger, dann zieht er sein Handy aus der Tasche und ruft jemanden an: Er brauche noch eine klitzekleine Information, dann werde alles ganz schnell laufen.

Nach der Ausfahrt aus dem Bahnhof einer besonders niederschmetternden Stadt aus Nazi-Fabrikgebäuden wird die Landschaft irgendwann weicher und wellt sich. Über hohen sattgrünen Bäumen bauschen sich bombastische Gewitterwolken, und wenn der Zug in die Kurve geht, öffnen sich überraschende Blicke in kleine Schluchten, auf schmale Flüsse.

Dann bleibt der Zug auf freier Strecke stehen. Vor meinem Fenster ergeben bewaldete Hügel sich in ein Tal hinein, unten sehe ich eine Fabrik, dahinter die Straße, die in den Ort führt, und die Kirche. Alles ganz dicht beieinander, eine klare stille Ordnung.

Ich werfe einen Blick über den Gang. Der Mann von dem großen internationalen Wirtschaftsprüfungsunternehmen sieht sich auf seinem Bildschirm jetzt Fotos von sich selbst mit nacktem Oberkörper an. Der Oberkörper ist durchtrainiert. Ich lasse mich treiben, aus dem Fenster, über die Fabrik hinweg, zur Kirche hin, in die Gastwirtschaft.

Ich bin im Hinterzimmer. Dort stehen noch die fünfzig Jahre alten Möbel aus Holz. In der Hitze vor den Fenstern sehe ich eine Reihe von SUVs, schwarz, grau, silber.

Im Raum verteilt sitzen oder stehen fünf Männer. Sie halten Abstand voneinander. Das Licht ist hart und hell. Auf einem der Tische stehen drei Flaschen klarer Schnaps. Zwei sind schon leer, in einer sind noch zwei Finger breit. Alle haben ihre Schnapsgläser in der Hand.

Die Männer sind vielleicht zwischen vierzig und sechzig Jahre alt. Ihre Kleidung ist nicht billig und gleichzeitig unauffällig. So, dass ihnen niemand vorwerfen kann, mit etwas angeben zu wollen. Karierte Hemden.

Hinten lehnt sich einer der Jüngeren mit seiner Stuhllehne so an die Wand, dass die vorderen Beine des Stuhls in der Luft hängen. Man bekommt Angst, dass er wegrutscht und auf den Boden kracht.

Am anderen Ende des Raums, an der Tür, steht ein Älterer. Das Gespräch findet zwischen diesen beiden statt. Von den anderen hört man gelegentlich ein beschwichtigendes Grunzen, ein »Jetzt ist aber gut« oder ein »Das bringt uns doch nicht weiter«. Jeder ihrer Einwürfe macht die beiden anderen Männer noch wütender.

»Dem Gerd verkaufe ich das Land nicht«, sagt der Jüngere.

»Wir brauchen den Supermarkt«, sagt der Ältere.

»Der Gerd kriegt überhaupt nichts von mir.«

»Das hat doch nichts mit dem Gerd zu tun.«

»Alles hat mit dem Gerd zu tun. Wenn ich will.«

»Du musst an die Gemeinde denken.«

»Denk du doch an die Gemeinde.«

»Dann enteignen wir dich. Ohne die Gewerbesteuer aus dem Supermarkt können wir dichtmachen.«

»Dann enteigne ich euch auch. Dann ficke ich eure Frauen.«

»Kannst du ja. Hauptsache, der Gerd kriegt das Grundstück für den Supermarkt.«

»Ich hab eure Frauen sowieso schon gefickt.«

»Das wissen wir ja. Das haben sie uns erzählt.«

»Und, war ich gut?«

»Verkauf dem Gerd das Land, sonst darfst du unsere Frauen nicht mehr ficken.«

»Was wollt ihr denn machen? Die wollen das ja!«

»Dann ist Schluss. Mit meiner ist dann Schluss.«

»Willst du sie zuhause einschließen? Ich kenne deine Tür. Da fahre ich mit meinem Defender rein. Ich ficke deine Tür. Und dann ficke ich deine Frau. Und dann ficke ich deine Tochter.«

»Wenn du dem Gerd das Land verkaufst, kannst du meine Tochter ficken. Dann bringe ich sie dir, und du kannst sie ficken.«

»Deine Tochter ficken sowieso schon alle. Wusstest du das nicht? Alle ficken deine Tochter. Gibt sie dir von dem Geld nichts ab? Zahlt sie etwa keine Gewerbesteuer? Den Ort könnte sie sanieren mit ihrer Gewerbesteuer, deine Tochter, mit ihrem Gewerbe. Dann brauchen wir den Supermarkt nicht mehr. Aber deine Tochter ist ja nicht nur eine Nutte, sie betrügt auch noch bei der Steuer.«

Jetzt breitet sich ein Schweigen aus, Erschöpfung. Der Ältere möchte sich zu einem Gewaltakt aufraffen, aber er ist zu alt. Der Jüngere möchte das Gleiche, aber er ist zu betrunken. Er wirft sein Schnapsglas nach dem Älteren, es kommt aber nicht weit. Das Glas zerbricht nicht einmal und rollt über den Boden.

Die drei anderen gehen, wortlos. Vor den Fenstern knallen drei Autotüren, und es werden drei SUVs angelassen.

Der Ältere geht zum Jüngeren, steht dicht vor ihm, beugt sich über ihn. Der Jüngere lässt die vorderen Beine seines Stuhls herunterdonnern, auf den Fuß des Älteren.

Ich bin wieder auf meinem Platz im Zug. Ich bin davon überzeugt, dass diese Reise ein Fehler war.

Irgendwann fährt der Zug wieder an.

Als ich in der fremden Stadt ankomme, dämmert es schon. Für mein Hotel ist ein Festungsgebäude aus dem 16. Jahrhundert entkernt worden. Alles soll prachtvoll aussehen, aber man stößt sich an jeder Ecke. Der Check-in vollzieht sich wortlos, dann stehe ich in einem zu großen Zimmer mit einem zu breiten Bett.

Die Stadt liegt an einem langen, wichtigen Fluss, an dem ich als Schüler einmal war, weit von hier, in einem anderen Leben. Der Fluss ist ganz in der Nähe, und ich beschließe, noch einen kleinen Spaziergang dorthin

zu machen, bevor ich den Rest meines Reiseproviants esse und schlafen gehe.

Als ich aus dem Hotel trete, stehe ich vor einem kleinen Park. Rechts vom Park steht auf einem baumbestandenen Grundstück eine Villa, die militärisch bewacht wird: hoher Zaun, Nato-Draht, Kameras. Google Maps sagt mir, dass ich durch den Park und an der Villa vorbei muss, um an den Fluss zu kommen. Es ist schwül, und es regnet leicht.

Im Park liegt eine Frau und schreit.

Die Frau fühlt sich offenbar bedroht. Über ihr steht ein Mann und versucht, sie zu beruhigen. Sie windet sich am Boden. Sie ist außer sich, und ich weiß nicht, wie weit. Ich mache einen großen Bogen um sie, um ihr nicht zufällig zu begegnen und sie noch mehr zu erschrecken.

Am hohen Zaun der Villa drehe ich mich nach den beiden um. Die Frau schreit immer noch. Direkt neben mir hinter dem Zaun entdecke ich eine junge Soldatin im Kampfanzug mit einer Maschinenpistole und einem Dobermann. Beide sind angespannt und haben die schreiende Frau im Park fest im Blick, dann wenden sie gleichzeitig den Kopf und sehen mich an.

Die Soldatin wirkt ein wenig hilflos, ein wenig traurig. Ich erwidere ihren Blick, auch ein wenig traurig, hilfloser als sie. Dann gehe ich weiter.

Am Fluss ist es idyllisch: Der Regen ist abgezogen, das Restlicht der untergegangenen Sonne leuchtet. Unter einem Baum spielen Menschen Gitarre, an einer Parkbank hören andere Menschen Hiphop. Ich denke darüber nach, warum der Blickwechsel mit der Soldatin und ihrem Hund mich so bewegt hat.

Als ich vom Fluss zurückkomme, hat die Situation sich aufgelöst. Alles ist ganz still.

Am nächsten Morgen muss ich meinen Wunsch nach einem ruhigen Platz im Frühstücksraum gegen eine sehr junge Hotelangestellte durchsetzen. Sie will mich an einen Tisch neben einer lärmenden Reisegruppe platzieren. Die Croissants sind sehr gut. Ich wickele mir noch eines in eine Papierserviette und stecke es mir in die Bauchtasche, dann mache ich mich auf den Weg zu dem Termin, der mich in die Stadt geführt hat.

Ich trete wieder vor das Hotel. In dem kleinen Park gibt es in der Mitte einen Kreis aus steinernen Bänken ohne Lehne. Auf diesen Bänken sitzen die Soldatin mit dem Dobermann, der Mann und die Frau, die nicht mehr schreit. Ich freue mich, sie zu sehen. Sie blicken mich an, und ich habe das Gefühl, dass sie auf mich warten. Ich weiß nicht, was ich tun soll. Der Weg zu meinem Termin führt mich links am Park vorbei, eigentlich habe ich keine Zeit. Trotzdem gehe ich zu ihnen und setze mich in ihren Kreis.

Die Frau sieht mich an und sagt: »Stell dir vor, du könntest dich in den Park legen und schreien, so lange du willst. Warum würdest du schreien?«

Auf ihre Worte hin breche ich in Tränen aus. Als ich wieder sprechen kann, sage ich:

»Als ich Kind war, wohnten in meiner Straße der Vorsitzende der Handwerkskammer, der Bankdirektor, der Obstgroßhändler und der Kirchenrat. All diese Männer kamen mit ihren Frauen zum Kaffeeklatsch zu uns. Es gab jedes Mal eine Schwarzwälder Kirschtorte und eine Marzipantorte. Meine Mutter stellte Zigaretten in ein billiges, glitzerndes Perlmuttgefäß aus Spanien, wo sie fächerförmig auseinander fielen. Nach der Torte gab es Likör, und die Männer tranken Bier.

Alle Männer am Tisch, auch mein Vater, hatten die Gewaltherrschaft erlebt, waren im Krieg gewesen und wollten nicht darüber reden. Ich war ein neugieriges Kind und quälte sie mit Fragen. Sie fanden mich zu klein, um ernst genommen zu werden, was sie mich spüren ließen. Ich wollte mir wirklich vorstellen können, wie sie gelebt hatten. Aber ich bekam immer die gleiche Antwort: dass man das nicht verstehen könne, wenn man nicht dabeigewesen ist, zum Glück sei es vorbei. Dann brachen sie in Schweigen aus.

Dieses Schweigen hat mich als Kind sehr beschäftigt. Ich habe mich gefragt, was sie machten, wenn sie nicht schwiegen. Man kann ja nicht immer schweigen. Und das Bier schien die Männer auch nicht gesprächiger zu machen, sie schienen sich nur fortzusehnen, an einen Ort, an dem sie nicht schweigen mussten.

Ich fragte mich, was für ein Ort das sein mochte. Bestimmt war es einer ohne Kinder wie mich, wahrscheinlich auch einer ohne Frauen. Ich spürte, wie viel Angst die Frauen in ihrer Gegenwart hatten. Einmal war eine mit einem blauen Auge zu uns gekommen, die Frau des Kirchenrats.

Auf der Fahrt hierher ist mir klar geworden, dass sich nichts verändert hat, egal wie lange Krieg und Gewaltherrschaft her sind. Dass diese Männer Gewalt ausüben, als würden sie Gewalt für eine Sportart halten. Weil sie Lust darauf haben. Deshalb würde ich schreien, wenn ich könnte.«

Die Soldatin, der Dobermann, der Mann und die Frau sehen mich freundlich und schweigend an. Aus ihrem Schweigen schließe ich, dass unsere Begegnung beendet ist. Ich stehe auf, unsicher und schwerfällig, verlasse den Park und merke erst spät, dass ich in die falsche Richtung gehe. Ich wandere noch eine ganze Weile ziellos herum, ohne meine Umgebung wirklich wahrzunehmen.

Zu dem Termin, für den ich die lange Reise unternommen habe, komme ich fast eine Stunde zu spät. Aber auch dort hat es Verschiebungen gegeben. Meine Verspätung fällt niemandem auf, und ich werde freundlich empfangen. Trotzdem verläuft das Treffen seltsam ereignislos. Am Ende kann ich nicht einschätzen, ob es ein Erfolg war.

Mein Zug zurück geht erst am kommenden Morgen. Die Stadt ist sehenswert, es gibt ein interessantes Museum, aber ich bin benommen und für alles blind. Ich laufe durch die Straßen, bis ich müde bin; abends kann ich mich nicht für ein Restaurant entscheiden und esse schlecht.

Auf dem Rückweg ins Hotel komme ich durch den kleinen Park; er ist leer. Ich verbiete mir, nach der Frau, dem Mann, der Soldatin und dem Dobermann zu suchen. Auf meinem Zimmer graut mir vor dem Kampf mit der Platzanweiserin im Frühstücksraum am kommenden Morgen.

Als ich endlich im Zug sitze, lenke ich mich mit einem Handyspiel ab. Ich muss meinen Stamm gegen den Ansturm anderer Stämme verteidigen und kann nur gewinnen, wenn ich alle anderen auslösche. Plötzlich, bei meinem vierten oder fünften Endsieg, merke ich, dass der Zug steht. Ich blicke auf und sehe, dass wir an derselben Stelle sind wie auf der Hinfahrt, über der kleinen Fabrik, der Straße in den Ort, der Kirche, der klaren stillen Ordnung. Ich unterdrücke eine Panikattacke, weil ich kein Aufsehen erregen will.

Als der Zug wieder fährt, denke ich an die Soldatin mit dem Dobermann. Wie sie die Situation im Park im Blick gehabt hat: wie da eine andere Frau in einer Notlage ist, ohne dass man sagen könnte, ob der Mann in ihrer Nähe sie verursacht hat oder ob er ihr helfen will. Wie der Soldatin bewusst war, dass sie alle Mittel hat, dieser anderen Frau zu helfen, ohne abschätzen zu können, ob sie die Lage verbessern oder verschlimmern würde, wenn sie eingreift. Wie sie dabei Trauer und Hilflosigkeit empfand und mir das mit einem Seitenblick vermitteln konnte. Ich vermisse sie.

Ich komme wohlbehalten wieder zuhause an. Von den Menschen, die mich in die Stadt am Fluss im Nachbarland eingeladen hatten, höre ich nie wieder.

*Der westdeutsche Traum des populären Films*
*Begegnungen mit Götz George*

Von Dominik Graf

**G**ötz George war von Anfang an ein Star. Ein Star, der keines der damals üblichen Pseudonyme benötigte, denn der Name war schon berühmt. Mit ihm zur Hoch-Zeit seines Ruhms, in den frühen 1980ern, gearbeitet zu haben, ist heute rückblickend ein Privileg. Erstens natürlich der Mann selbst. Zweitens die Diskussionen mit ihm, ihn live erlebt zu haben, die Arbeitsformen des letzten wirklich »Berühmten« in Westdeutschland, der eine Weile lang mit jedem Film mindestens eine Million Zuschauer und mehr ins Kino lockte. Drittens: Das öffentliche Interesse gesehen zu haben, das sich um ihn scharte, und den Einfluss, den der Erfolg auf ihn hatte – und andererseits auch nicht hatte. Wie fast irritiert er die Zuneigung der Fans oder Reporter manchmal zurückwies. Und viertens zu lernen, wann man mal die Klappe halten sollte.

Herbst 1984. Der junge Regisseur – der ich damals war – benötigt einen messbaren Erfolg, damit er noch mehr Filme machen darf als nur den einen plus zwei halbe, die er bis dahin gedreht hat. Und er braucht Erfolg auch für sein Selbstgefühl, denn diese ersten Filme an der Akademie in München und danach ein ziemlich ambitionierter Spielfilm waren regelrechte Flops. Am populären Genre *Schimanski* reizen ihn – neben der Bewährungschance – auch die enormen Zuschauerzahlen im Fernsehen. Und noch etwas lockt: eine Art Befrei-

ungs-Hoffnung, Befreiung von der Bürde der Filmkunst, an der er sich nun eine Weile redlich versucht hat und von ihr – der Filmkunst – mitsamt seinen Ideen bislang rundheraus verschmäht worden war.

Er denkt vielleicht auch an den totalen Verriss jener Theateraufführung, den der (erheblich ältere, einst berühmte) Schauspieler Klaus Kinski in Andrzej Żuław-skis grandiosem Film *Nachtblende* (1975) am Premierenabend im Lokal mit choleri-schem Elan selbst laut vorliest. Der Artikel schließt mit einer Aufforderung des Kriti-kers an den Regisseur: »Lassen Sie dieses Metier, das Sie zu lieben scheinen, das aber Sie nicht liebt.« Wie viele Regisseure hat-ten, haben dieses Gefühl tief in sich selbst, dass sie nicht genügen, dass sie längst »ge-wogen – und für zu leicht befunden« wur-den, und sie wollen es doch nicht vor sich deutlich aussprechen? Und erst wie viele Schauspieler und Schauspielerinnen?

Was bei Erfolgsfilmen an Spannung, Ac-tion und Emotion verlangt wird, ist ja we-niger die Filmkunst als vielmehr das glas-klare Handwerk des Inszenierens; etwas »Reelles« sozusagen, das bereits am Dreh-ort sichtbar klappt oder ebenso sichtbar genau nicht. Es geht um das Timing der Szene, das Tempo, die Temperamentsfar-ben der Schauspieler, die möglichst rich-tig gewählten Kamerapositionen. Dieses Einmaleins des Inszenierens will der jun-ge Regisseur nun beim *Tatort* lernen und ist sogar schon mittendrin, die ersten er-rungenen Erkenntnisse anzuwenden. Nun begegnet er zum ersten Mal einem richti-gen Star, Sohn eines anderen riesigen deut-schen Theater- und Filmhelden der schat-tigeren Vergangenheit, Heinrich George. Götz ist vom Typus »Naturbursche« in seinen frühen Jahren inzwischen zum –

schöne deutsche Bezeichnung – »Charakterschauspieler« und gleichzeitig zum Action-Star der Achtziger gewachsen. Beide, der junge Regisseur und der Star, haben jeweils einen in ihrer Kindheit verstorbenen Übervater. Der Star hat mit dem Vater des Regisseurs in den Sechzigern sogar mal gemeinsam gespielt. George gibt sich inmitten seines Ruhms pragmatisch bis in die Haarwurzeln. Bei der ersten abtastenden Begegnung in München kommt er zügig auf den Regisseur zu, der ihm vom Produzenten und Schimanski-Erfinder Bernd Schwamm vorgestellt wird. Es gibt eine nette Begrüßung, dann sagt George zum Drehbuch: »Da müssen wir überlegen, das geht ja eigentlich gar nicht so, wie das da steht, da müssen wir überlegen, wie wir das machen wollen.« Ungefähr. Er hat Recht, es ist ein labyrinthischer Fall, der erzählt wird, ein sehr kompliziertes Skript, das vor allem auch der junge Regisseur selbst zu verantworten hat. Später merkt er, dass George das gar nicht so negativ gemeint hat, sondern dass er stets durch die Infragestellung der Vorgaben und durch Diskussionen mit der Regie zu seinem eigenen Ton in den Rollen und in den einzelnen Szenen finden will. Das »wir« ist bei ihm ernst gemeint: George ist der Ansicht, dass man Filme gemeinsam macht. Aber er will seine Figur, diesen einmaligen Diamanten Horst Schimanski, beschützen, nicht ausbeuten lassen, die Qualität oben halten, frühe Verschleißerscheinungen verhindern.

Eine kurze Einordnung: Götz Georges Weg zu Schimanski – seinem endgültigen Durchbruch – ist eine längere Geschichte. Er kam Anfang der 1980er »zurück«, von weit her. Nach Karl-May-Filmen wie *Der Schatz im Silbersee* (1962) hatte er in den 1970er Jahren in Deutschland überwiegend unterschätzte Auftritte in Serienfolgen (Toll: *Der Kommissar – Tod einer Zeugin* von Zbyněk Brynych, 1970). Und spielte eine viel beachtete Rolle als KZ-Kommandant Rudolf Höß in Theodor Kotullas *Aus einem deutschen Leben* (1977). Der Autorenfilm hatte ihn durchgängig vernachlässigt. Eine geplante Arbeit mit Fassbinder zerschlug sich. In Cinecittà, wo die meisten seiner westdeutschen Generationsgenossen Asyl fanden, drehte er nur einen Western. Aber er war jetzt mit der Figur Schimanski phänomenal zurückgekehrt – genau zum richtigen Zeitpunkt, gute vierzig Jahre alt, aber körperlich wie ein junger, kraftstrotzender Mann – und siegte auf ganzer Linie. Denn die ihn jetzt liebten, hatten ihn als Kinder schon reiten und gewinnen sehen. In West und in Ost. In der Figur Schimanski und den dazugehörigen Filmen stellte er einen populären, modernen Realismus auf die Beine, bei dem alle im Moment der TV-Premiere der allerersten Folge *Duisburg-Ruhrort* (von Hajo Gies, 1981) schon spürten, wie sehr das zuvor vermisst wurde. Es ist die Definition einer anderen Generation, und es ist das Ende des unmittelbaren Nachkriegsfernsehens. Endlich konnte man gemeinsam fröhlich »Scheiße« zu dieser verfaulenden korrupten West-Republik sagen, und über die Abgründe der großindustriellen Verbrechen rheinauf- und rheinabwärts konnte man mit einem TV-Bullen beim Bier »Oh, Mann!« seufzen. Es hatte Vorgänger dieses neuen »Helden« gegeben. Vorboten: Jemand wie Marquard Bohm (*Rote Sonne*, 1970) hatte auch so eine Art von sympathischem Gesamtverdruss auf lakonische Weise auszudrücken vermocht, aber er hatte es schwer gehabt. Und Marius Müller-Westernhagen natürlich, der mit der extrem erfolgreichen Verlierer-Figur *Theo* (1980) den Weg bereitet hatte für den Typus Ruhrpott-Mann an sich im deutschen Kino. Und zwar ist das ja die Art Mann, die immer das Herz am rechten Fleck hat, ob uns das nun passt oder nicht. Götz George schließt daran an, so als sei er mindestens zehn Jahre jünger, als er ist. Den Macho-Ruf jedoch, den man der Schimanski-Figur nachsagte, kann man im Nachhinein getrost etwas vernachlässigen, denn George war weder in den Filmen noch im Leben primär ein Frauenheld. Er war vor allem ein Malocher am Set.

Die Dreharbeiten: Vor einer Neubauwohnung in Duisburg versammeln sich Fans, die in wechselnden Schichten von der Arbeit kommen, und rufen in regelmäßigen Abständen bis zur Ermüdung seinen Namen: »Schimmi!« Gegen Abend werden es dann immer mehr, es werden sehr, sehr viele. Und als George für einen Moment einmal dem Fenster nahekommt, hört man durch die schalldämmenden Doppelgläser ein fernes Rauschen: Seine Silhouette im obersten Stockwerk ist erkannt worden. Jubel und Begeisterung. Jeder Drehtag in der Stadt gleicht einem Popkonzert. Wenn die Menge gebeten wird, für die Konzentration bei einer Szene etwas ruhiger zu sein – manchmal durch George selbst, der dafür Autogramme hinterher verspricht –, dann wird es mucksmäuschenstill. So still, dass man es hört, als Götz im Spiel beim Überqueren einer Straße eine Kleingeldmünze aus der Tasche fällt. Duisburg steht still, wenn er auftritt. Hinterher hebt ein eifriger kleiner Junge die Münze auf ...

Nach einigen Tagen Duisburg arbeitet das Team in München weiter. Jeder *Schi-*

*manski* wurde nur zu einem sehr geringen Teil in Duisburg gedreht. In München wird die Arbeit zwischen Regie und Hauptdarsteller immer intensiver. Nach anfänglicher Skepsis hat der Star verstanden, dass das Drehbuch ihm doch große Spielmöglichkeiten im Subtilen, im Minimalistischen bietet und dass seine Rolle eine echte Entwicklung durchmacht, von schwer verkateter Schockverarbeitung eines entsetzlichen Vortagserlebnisses zum allmählichen Begreifen des labyrinthischen Falls zweier bitter verfeindeter westfälischer Möbelfabrikanten-Familien, die nun ihren Showdown ausgerechnet vor seiner Hotelzimmertür auszutragen begonnen haben. Es gibt lange Dialogsequenzen in Schimanskis Büro. George war so gut vorbereitet, dass er meist auch die Dialoge der anderen auswendig konnte. Eberhard Feik, der bewährte Arbeitspartner (mit Fliege), und er erfinden ab und zu kleine Reibereien, die sie einbauen. »Wir haben das jetzt so als Spiel für uns gefunden und meinen, das klappt ganz gut ...« Ja, es klappt auch meistens. Der Star arbeitet permanent gestisch, nimmt dauernd etwas in die Hand – Kaffeebecher, Polizeimarken, Zigarettenschachteln oder Akten – und fummelt sich im Gesicht herum. Anders als deutsche Schauspieler sonst zersägt er seine Texte in Gestotter, will um jeden Preis Alltäglichkeit, Normalität, eine Figur, die mit beiden Beinen auf dem Boden steht, keinen Kommissar, der sich von der Sprechbühne in den Film verirrt hat. Der Regisseur drängt zusätzlich ständig auf Tempo und Bewegung, Bewegung und Tempo, Kameraschwenk, Gang, Satz, Stand, autonomer Schwenk ...

Plötzlich stockt das Ganze. Der Star will einen Gang nicht machen. Was? Nein, er will den Gang zum Fenster nicht machen. Er findet ihn überflüssig, will an der Partnerin dranbleiben (Marita Breuer, Hauptrolle in Edgar Reitz' erster *Heimat*, 1984). Warum soll er von ihr weggehen? Der Regisseur versucht zu argumentieren. »Du gehst, weil du Abstand gewinnen willst ...« – »Will ich doch gar nicht. Ich will sie festlegen, da muss ich doch dranbleiben.« Neuer Versuch des Regisseurs: »Du bist müde, hast anderthalb schwere Tage hinter dir, musst mal durchatmen und gehst ans Fenster.« – »Ja, vielleicht am Ende der Szene, aber doch nicht jetzt.« Nun kommt der entscheidende Fehler, der Regisseur legt seine Karten auf den Tisch: »Du gehst, weil ihr da jetzt schon lang genug so steht, und weil das Bild besser aussieht, wenn du diese Position auflöst.« Aha, das Bild! Also ein technisch-ästhetischer Grund für den Positionswechsel! George, dem das wohl schon als wahre Begründung geschwant hatte, antwortet: »Ja, siehst du, und genau deswegen mach ich das nicht.«

Der Streit, der folgt, dauert immerhin zwei Tage. Sie reden nicht miteinander. Die Regieassistentin fragt den Regisseur: »Soll ich ihm die Positionen sagen?« Der Regisseur lehnt das ab, redet schon selbst mit dem Star, aber nur noch das technisch Allernötigste. Der Star nickt nur. Richtet seine Fragen an die Assistentin, wenn er welche hat. Am zweiten Tag dieses Schismas treffen Regisseur und Star sich während der Mittagspause versehentlich abseits des Teams in der leeren Dekoration. Blick. Der Star grinst sofort: »Siehst du, jetzt haste's gesehen! Alle waren froh, dass dir mal einer den Wind aus den Segeln genommen hat.« Der Regisseur grinst auch, eher säuerlich, schweigt, ist aber heilfroh. Sie machen zusammen weiter. Der Kern

des Konflikts zwischen den beiden war, dass der Regisseur die permanente Bewegung der Schauspieler und der Kamera als grundsätzlich ungemein wichtig ansieht, die Ära der gediegenen Standbilder des Autorenfilms scheint ihm aufs Entschiedenste vorbei zu sein. Aber Götz George hat den Moment der dabei drohenden Mechanik, des gefährlichen Formalismus in diesen ständigen Gängen und bewegten Inszenierungen schon erkannt. Er hat kein Generationsproblem wie der ehrgeizige Regisseur, er will sich nicht unterscheiden von irgendwas Vergangenem, das erst mal aus dem Weg zu räumen sei. Der Star will nur spüren, dass die Szene für ihn stimmt. So arbeitet er immer.

Das gegenseitige Vertrauen wird trotz des Zanks – oder sogar deswegen? – immer stärker, der fertige Film gefällt dem Star. Er ist gewissermaßen schon eine alte Seele des westdeutschen Unterhaltungskinos und kann sehr genau beurteilen, ob für ihn etwas gelungen ist oder nicht. Knapp drei Jahre später machen sie zusammen einen aufwendigen Kino-Thriller, der nervlich – und teils auch handwerklich – das Können des Regisseurs auf ganz harte Proben stellt.

Ich habe öfters Schauspieler erlebt, die sich durch die reine Größe einer Produktion, durch dieses permanente Rauschen der Gewichtigkeit am übervollen Set verführen oder irritieren ließen zu innerem Hochpumpen, zu Launen, zu Versagensängsten ... George hatte das alles hinter sich. Er widerstand jeglichem Imponiergehabe à la »Ui, das ist aber ein großer Film, in dem ich hier spiele!«, er war immer bei der Arbeit.

Der Star hilft dem Regisseur. Er hat in *Die Katze* (1988) abermals eine sehr zurückhaltende Rolle, wieder ist Minimalismus von ihm gefragt, diesmal in einem engen Hotelzimmer, aber er ist jetzt ein Gangster, der Mastermind eines Banküberfalls. Er kommt damit gut klar. Als das Genörgel der Produktions-Brigade über zu viele und zu lange Dreh- und Einleuchtzeiten (grandioser Kameramann Martin Schäfer!) immer lauter wird, geht er zum Studiochef Günter Rohrbach und sagt ihm, er solle die Finanzaufseher in seinem Haus stillhalten: »Lasst uns jetzt mal in Ruhe arbeiten.« Der Film wird schließlich sogar ein mittlerer bundesdeutscher Hit.

Und acht Jahre nach dem Duisburger *Schimanski* und fünf Jahre nach der Düsseldorfer *Katze* standen dann der (nun nicht mehr ganz so junge) Regisseur mit dem immer-noch-aber-nicht-mehr-ganz-so-unangefochtenen einzigen deutschen Star im November 1992 hoch oben auf dem Völkerschlachtdenkmal in Leipzig.

Es pfiff ein dermaßen eisig kalter Wind, wie ich ihn in Deutschland gar nicht vermutet hätte. Das Team sah aus wie der versprengte Rest einer Nordpolexpedition, und Götz gefror in der Szene förmlich der Dialog im Mund. Wieder war er an einem Brennpunkt der neueren deutschen Geschichte gelandet. In Duisburg hatten die Hütten geschlossen, als er noch »Schimmi« war, in der Leipziger Tiefebene entbrannte gerade der Kampf um die Arbeitsplätze im Braunkohleabbau, und die Machenschaften der »Treuhand«-Gewinner wurden immer offenbarer. So hatte Schimanski sich die Wiedervereinigung sicher nicht vorgestellt.

In der erdachten Vorgeschichte Horst Schimanskis, der »irgendwie, irgendwann aus der DDR rübergekommen« war, liegt eigentlich auch der geheimere Teil von Götz Georges Identität mit ihr. Er trat da-

mit endgültig die Erbfolge seines Vaters Heinrich George aus dem Kino eines noch ungeteilten Deutschland an, und hinter den vielen Gesichtern dieses gewaltigen Patriarchen war auch immer eine Ahnung von der Ur- und Vorgeschichte Preußens durchgeschimmert. Der Sohn Götz, der im Off seiner erzwungenen Kinoabwesenheit in den siebziger Jahren immer besser geworden war, der war nun am Rhein nahe der westdeutschen Hauptstadt wieder aufgetaucht und löste mit dieser Kommissars-Figur den heftig stagnierenden deutschen Autorenfilm bald endgültig ab. Barg die Verbindung des für sein Alter so jugendlich wirkenden Preußen Götz in seinen besten Jahren mit dem Ruhrgebiet nicht vielleicht auch die unausgesprochene Sehnsucht nach einer anderen, kraftvollen Vereinigung des Heute mit dem Gestern? Schimanski erscheint mir im Nachhinein wie eine Art »Maulwurf«, ein mentaler Geheimagent der sich anbahnenden Wiedervereinigung: eine Knochenarbeit leistende Figur in den hinteren Katarakten unserer kollektiven Seele. In West ebenso wie in Ost.

Die Selbstwahrnehmung des Schauspielers ist eine wichtige, subkutan immer mitlaufende Größe beim Inszeniert-werden und beim sich selbst Inszenieren, bei den Rollen-Entscheidungen und letztlich in der Feinmechanik des Spielens. In der Nachkriegszeit galt immer noch für die meisten vor der Kamera die Maxime: »Wenn ich mein Spielen nicht spüre, bin ich schlecht.« Die Männer der deutschen 1950er Jahre spielten manchmal so deutlich, als gäbe es eine Hornhaut, einen Panzer zwischen Körper und Seele. Auch bei Götz entstand aus dem Willen und der Notwendigkeit zur totalen Selbstkontrolle über Körper und Mimik manchmal Krampf. Da war ein Kind in ihm, dem es nicht gut ging, das mit enormer Disziplin und Willen zum Erfolg postum um die Liebe der Eltern kämpfte. Seine Körperdarbietungen hatten etwas Ballettöses. Wenn er abbremste, benutzte er oft die Zehenspitzen, er führte seinen Körper überbewusst wie ein Instrument. Ein oft geschundenes Instrument, muss man sagen. Auch dies eine Variante der enorm seltsamen Action-Darbietungen des westdeutschen Nachkriegsfilms. Immer ein wenig zu hektisch ging es da zu, immer hyperdramatisch, Schlägereien waren eher theatralisch. George war schon eine große Ausnahme mit seinen grundsätzlich realistisch choreographierten Actionstunts.

Eigentümlich war auch sein gespieltes hohes, hysterisches Lachen über Absurditäten in Szenen (zumeist bei unglaubwürdigen Aussagen in Verhören oder hervorgerufen von überkorrekten Vorgesetzten), hinter das er dann oft schlagartig eine todernste Kontrastmiene setzte und ein herausgedrücktes »Komm, jetzt hör' aber mal auf!«. Diese abrupten Stimmungswechsel im Spiel gehörten bei ihm zu jenem Sich-Spüren. Der Ball flog grundsätzlich hoch, fast immer ging es in starken Amplituden von laut auf leise, von belustigt auf seriös, von Stille auf Radau, von Tempo auf Vollbremse. Als junger Regisseur meiner Generation ahnte man daran schon die vielleicht zu heftigen, die manchmal zu sehr hergestellten Stimmungsübergänge – »Spielastiken« nannte die Branche das – und versuchte, daran zu schleifen. George ließ es zu, wenn er spürte, der andere könnte Recht haben. Nach dem aufsehenerregenden Film über die Polizeiverhöre des deutschen Zwanziger-Jahre-Massenmörders

Fritz Haarmann – *Der Totmacher* (1994) – sagte dessen Regisseur Romuald Karmakar öffentlich, es sei ein Dokumentarfilm geworden über einen Schauspieler, der diese historische Figur zu spielen versuche. Das war hart, traf George sehr; Freunde waren die beiden nach den Dreharbeiten ohnehin schon längst nicht mehr.

Wie schon erwähnt: Mit *Schimanski* – und auch mit dem fast gleichzeitig erfolgreichen *Fahnder* Klaus Wennemann – setzte sich in der Bundesrepublik kurzzeitig ein Realismus-Begriff in Spiel und Inszenierung durch: Schluss mit bravem Dialog-Aufsagen, die Texte wurden zerkrümelt, zer-ääääht, unverständlich gemurmelt, verknappt, es wurde durcheinander gesprochen, wenn es hoch herging (wofür Robert Altman 1968 in Hollywood bei seiner ersten Regie noch vom Produzenten sogleich gefeuert worden war!). Dabei fielen nie die Begriffe »Glaubwürdigkeit« oder »Authentizität«, die gab's so noch nicht. Das formulierte Ziel war »realistisch«, »alltäglich«, »so wie im Leben«, »normal« – oder im Negativen ausgedrückt, wenn die Sätze zu sehr geschrieben erschienen: »So redet doch kein Mensch.«

Die neue Spielwelle, natürlich auch stark von internationalen Spitzenschauspielern der 1970er beeinflusst, namentlich Amerikanern und Franzosen, kollidierte in Westdeutschland aber immer noch mit dem althergebrachten Eichenschrank-Stil.

Vielleicht vermisste Romuald Kamarkar, Regisseur von *Der Totmacher*, ja das Nicht-Spielen, das »Massenmörder-Sein« sozusagen. Ja, George hatte sich diese Rolle »angezogen« und mit Gesten und Stotterern dieses Mal vielleicht zu stark »konstruiert«? Und dabei konnte er sich ja immer auf seine enorme Präsenz verlassen. Allein mit seiner Körperlichkeit und Coolness hatte er vier recht erfolgreiche Actionfilme der 1980er geprägt, darunter auch Carl Schenkels *Abwärts* (1984). Aber er wollte eben auch spielen, sich Rollen spielend erspüren. Oder auf die Komödienkacke hauen wie bei Helmut Dietls amüsantem *Schtonk!* (1992). Hätte man das Dilemma zwischen Kamarkar und ihm, das man im Film *Der Totmacher* durchaus sieht, lösen können? Denn, ja, zum »Nur-Sein« musste man ihn schon überreden. Andererseits: Haben Preise – vor allem solche wie der ehrwürdige Mostra-Preis, den George damals für den Haarmann in Venedig gewann – am Ende nicht irgendwie doch auch immer Recht?

***

Ich habe drei Filme mit Götz George gemacht, wie gesagt, das gegenseitige Vertrauen war groß. Warum also nicht mehr? Im Nachhinein immer schwer zu sagen. Projekte kommen und gehen, viele verschwinden im Papierkorb, nur wenige kommen durch. Götz kam ja im Fernsehen nochmal als Schimanski ohne *Tatort* zurück, daneben wurde er bald immer erfolgreicher in Komödien, sein Geschäftsmodell wurde breiter. Und dann war er irgendwann der älter werdende Star, die Rollen wurden überwiegend ernst, Rentner, Kranke. Das Altwerden als SchauspielerIn ist auch ein Kapitel für sich. In einem seiner letzten Filme traf George erstmals auf Ronny Zehrfeld, schaute ihn einmal kurz an und kommentierte: »Ich gehe, du kommst.« Und als er wirklich ging, immer noch viel zu früh, war der Star bereits der übergroße Schatten seiner Legende geworden.

# Neue Bücher

geb., 560 S., 5 Abb., € 45 | 978-3-86854-398-8

Stefanie Coché

**Religiöse Erweckung und irdische Macht**

Religion und Demokratie in den USA

geb., 208 S., € 19 | 978-3-86854-400-8

Ferdinand Sutterlüty

**Wider stehen**

Versuche eines richtigen Lebens im falschen

Hamburger Edition

br., 304 S., € 15 | 978-3-86854-393-3

Isabel Feichtner

**Bodenschätze**

Über Verwertung und Vergesellschaftung

Hamburger Edition

geb., 296 S., € 35 | 978-3-86854-397-1

Pierre Rosanvallon

**Unsichtbare Institutionen**

Hamburger Edition

**Hamburger Edition**

Verlag des Hamburger Instituts für Sozialforschung

*Schnelles Sterben*

*Von Anke Stelling*

**D**rei Männer in Orange haben ihren Lieferwagen auf dem Gehweg geparkt und den Radweg auf der erhöhten Straßenbahnhaltestelle mit orange-weiß-gestreiften Plastikhüten zur Achtsamkeitszone erklärt: *Habt Acht, hier sind wir!* Hier knien wir uns nieder, um die Lämpchen zur Markierung der Erhöhung der Straßenbahnhaltestelle zu reparieren, auf dass niemand sie im Dunkeln übersehen und sich den Hals brechen möge, und während wir dafür sorgen, dass die Kanten weiterhin wahrgenommen werden können, wollen wir bitte ebenfalls wahrgenommen werden; hinterher sind immer alle ganz erschüttert, wenn die Sorgenden selbst unter die Räder kommen, also sterben statt zu retten, verbrennen statt zu löschen, beim Bergen auf der Strecke bleiben und beim Schützen einen Kopf kürzer werden. Besser: mithilfe von Signalfarben auf sich und sein Sorgetragen aufmerksam machen.

Überhaupt bin ich immer mehr für Uniform. Wer ich da oben auf dem Balkon bin, könnte mithilfe signifikanter Kleidung ebenfalls um einiges deutlicher werden: Die Schriftstellerin? Vielleicht ein dunkles, schon leicht speckiges Jackett überm krumm gesessenen Rücken, Zigarette im Mund oder besser noch Pfeife. Brechtsche Zigarre? Alles drei, und beim Putzen auf jeden Fall Kittelschürze. Ameisen und Staubmäuse sollen mich mal kennenlernen, brauchen nicht zu glauben, dass sie's mit der nachsichtigen und vom ewigen Rauchen und vom Balkon Starren weitsichtig gewordenen Intellektuellen zu tun haben. Genauso wenig wie die Jungs. Mein Busen unter geblümtem Dederon wird sie daran erinnern, was sie zu tun haben: sich entweder tatkräftig bekennen zu der Idee, dass jeder Mensch seinen Dreck selbst weg-

macht, oder meinetwegen fort- und voran-
und in zwanzig Jahren mit einem Nerz für
Mama wiederkommen.

Zu Rewe kam man gestern erst gar nicht
rein, weil die Schiebetür kaputt war. Dann
aber doch, durch die Rewe eigene Tiefgarage, und wie in Ausnahmezuständen üblich, fühlten wir Kundinnen und Kunden
unterschiedlichster Herkunft und Kauf-
absichten uns plötzlich verbunden. Erstmal ausgesperrt und dann doch umgelei-
tet zu werden ließ uns das uns Trennende
kurzzeitig vergessen, doch wie lang das
wohl halten würde, hab' ich mich schon
im nächsten Augenblick gefragt – leicht
zu triggern und mir das Schlimmste aus-
malend, wie ich nun mal bin –, also, was
wäre, wenn wir dort unten im giftig nach
Abgasen riechenden Beton nicht nur rasch
zu Rewe, sondern dauerhaft Schutz finden wollten angesichts einer größeren Katastrophe als einer defekten Tür.

Bei der letzten Intellektuellenparty war
wegen des besorgniserregenden deutschen
Wahlergebnisses und der noch besorgnis-
erregenderen Weltlage ein Weilchen diskutiert worden, wohin sich am besten aus-
wandern ließ, und weil das zu nichts führte,
führte die Diskussion zu der Frage, wie's
denn ums Bug-In bei den Einzelnen bestellt sei. Ob's für alle Bunker gäbe und zu
denen überhaupt Zugang?

»Als ob das noch was bringen würde«,
sagte eine der am düstersten denkenden
Personen – die vorher trotzdem noch Kanada oder eine indonesische Insel ins Spiel
gebracht hatte –, »in dem Fall bin ich lieber
ganz schnell tot.«

»Das mit dem Sterben musst du aber
auch erstmal hinkriegen«, sagte ich, und
sie: »Ich bleib' einfach da, wo ich bin.«

»Dann musst du stärker sein als deine
Reflexe, deine Instinkte, deine Beine, die
dich schließlich doch in die Tiefgarage
rennen lassen«, sagte ich nicht, weil ich zu
dem Zeitpunkt noch nicht in Rewes Ka-
takomben gewesen war, sie gar nicht auf
dem Schirm hatte als möglichen Schutz-
raum, sondern nur den fehlenden Keller
unter dem von mir bewohnten Neubau-
haus im Kopf.

Ich kann es seit Neuestem nicht mehr so
gut leiden, wenn Leute leichthin vom Sterben reden, schon gar nicht vom schnellen
Sterben, euch kann ich's ja sagen, ihr seid
diskret. Ihr, da draußen an den *Merkur*-
Heften. Von euch krieg' ich einfach nichts
zu hören und hab' jetzt kurzerhand be-
schlossen, das als Vorteil zu feiern und Unterstützung zu werten: Ihr nehmt mich so,
wie ich bin. Nehmt mich hin, woraus ich
schließe, dass ihr insgesamt fürs Aushal-
ten im Sinne von Ertragen seid. Also auch
nicht fürs Prinzip *Live fast, die young* (stirb,
so schnell du kannst, dann musst du dich
vorher um nichts groß kümmern).

Letzte Woche war ich bei meinem Vater
und hab' ihn gebeten, eine Patientenverfü-
gung auszufüllen. Weil er sich auf keinen
Fall im Krankenhaus aufhalten, seinen Tu-
mor nicht untersuchen lassen, seine Tab-
letten nur nach Gutdünken einnehmen
und bestimmt kein Wasser trinken will (so
fades Wasser, wovon man nur dauernd aufs
Klo muss). Damit klar ist, dass es sich bei
all diesem Wollen und Nichtwollen um seinen eigenen freien Willen handelt, meinte
ich, sei es ratsam, mich sowie weitere Sor-
getragende abzusichern, indem er diesen
Willen auch mal schriftlich festhält – für
den Fall, dass er ihn mündlich nicht mehr

äußern kann. Aber dann kreuzte er an, dass in diesem Fall alles getan werden soll, um sein Leben zu retten.

»Hä?«, sagte ich. »Solang du selbst entscheiden kannst, nein, aber wenn ich oder die Ärzte für dich entscheiden müssen, schon?«

»Dann kriege ich's ja selbst nicht mehr mit!«, war seine Antwort. »Warum soll ich mir die Chance, vielleicht doch noch am Leben zu bleiben, entgehen lassen?«

Seither überlege ich, was genau dahintersteckt.

Dilek meint, es sei ganz logisch.

Sterben: nein. Selbst was dagegen unternehmen: auch nein – weil Veränderung: nein, und bisher war Nichtstun ja völlig in Ordnung.

Sich von anderen helfen lassen: schon, das aber mitbekommen und anerkennen müssen: auf gar keinen Fall – weil Anerkennung von Hilfsbedarf sowie Kenntnis der Gefühlslagen Helfender bislang nicht im Repertoire vorhanden und Repertoireerweiterung = Veränderung, und Veränderung: nein.

»Okay. Und jetzt?«

»Du hast nur gesagt, dass ich sagen soll, was dahintersteckt. Was du tun sollst, weiß ich natürlich auch nicht.«

*Abwarten und Tee trinken.* (Am besten ungesüßt, Kräuter)

Aus Freude am Leben! (Albert Darboven)

Es wird nichts so heiß gegessen, wie es gekocht wird. (Herkunft nicht bekannt)

Bloß des, was do isch! (Antwort der Schwäbisch Gmünder Fachverkäuferin / Textil auf die Frage, ob vielleicht noch andere Größen vorhanden sind)

Ich hab' den handgestrickten wunderschönen Wollpullover kleingewaschen. Weil ich auf dem Weg zur Lesung noch schnell in der Waschküche vorbei bin, und zwar im Ausgeh-Outfit in der weitverbreiteten Annahme, die Maschine macht's. Doch so smart, dass sie selbst erkennt, was in ihr ist, ist sie dann auch nicht, verlässt sich alt und weißwarig auf die Programmwahl der Natürlichen Intelligenz, die sie pflichtschuldigst bedienen soll, aber ihrerseits schon wieder nicht den Dederon-Kittel anhat, sondern hybrid herumhantiert und mit den weitsichtigen Intellektuellenaugen was auch immer erkennt auf dem Drehknauf. Jetzt hat das edle Stück nur noch Größe 128 und lässt sich aber auch nicht vererben, weil nicht mehr überziehen. Steht stattdessen selbst. Wenn es wenigstens orange-weiß-gestreift wäre.

Demnächst:

Christoph Menke
Apologie der Institution

Alexander Blankenagel
Feinde des Volkes

Michaela Maria Müller
Die Rail Baltica